改訂版

大学入学共通テスト

英語［リスニング］

予想問題集

代々木ゼミナール講師
谷川 学

＊この本は、2019年10月に小社より刊行された『大学入学共通テスト　英語［リスニング］予想問題集』の改訂版です。

KADOKAWA

はじめに

大学入学共通テスト（以下、「共通テスト」）試行調査問題・第１回の英語［リスニング］問題を初めて解いたとき「えっ、こんなに難しくなっちゃうの？」と衝撃を受けました。そして先日遂に実施されました第１回共通テスト本試験のリスニング問題はさらに難易度が上がっていました。センター試験時代のリスニングよりも易しい問題もある一方、明らかに難しい問題が後半にどっしり待ちかまえています。**恐らくこれらの問題には英検準１級レベルのリスニング力がないと太刀打ちできないでしょう**。

ここまで読んで、君はかなりの危機感を持ったかもしれません。でも大丈夫。この本を手に取ってすぐにトレーニングを始めましょう。**この本にはどのような点に気をつけてトレーニングすればよいのか、また高めた実力を本番で最大限に発揮するにはどうすればよいのかが書かれています**。

いよいよ本番が近づいてきたら、今回一番気合いを入れて作成した３回分の予想問題に挑戦してみましょう。当然、難易度が高い問題も含まれていますが、**しっかりと解ききれば本番に向けて大きな自信につながります**。この本を通じて、一人でも多くの受験生がリスニング対策に自信を持ち、英語を介した外国人とのコミュニケーションの楽しさに気づいて、将来さまざまな分野で活躍してくれることを心より願っております。

最後に、執筆の場を与えてくださり、長きにわたりサポートしてくださったKADOKAWAの山川徹さん、そしていつも迅速な対応でサポートしてくださいました丸岡希実子さんには本当に感謝しております。ごいっしょさせていただいたスタジオ収録は、よい思い出です。

谷川（たにがわ）　学（まなぶ）

改訂版　大学入学共通テスト
英語［リスニング］予想問題集　もくじ

＊問題に使用する音声ファイルのダウンロード方法は**14ページ**に記載しています。

この本の特長と使い方

【この本の構成】

別　冊

- 「問題編」：2021年に実施された共通テスト本試験と、試験本番で出題される可能性が高い形式の予想問題3回分の計4セットからなります。

本　冊

- 「分析編」：共通テスト本試験の傾向を分析するだけでなく、**具体的な勉強法**などにも言及しています。
- 「解答・解説編」：たんなる問題の説明に留まらず、共通テストの目玉方針である「思考力・判断力・表現力」の養成に役立つ**実践的な説明**がなされています。

【「解答・解説編」の構成】

以下が、大問ごとの解説に含まれる要素です。

- 難易度表示：易／やや易／標準／やや難／難の5段階です。また、この表示は小問にもついています。
- **イントロダクション**：**差がつきやすい小問などに触れる**、大問全体の講評です。
- **語句・文法**：たんなる語彙のリストアップだけでなく、放送文中に含まれる**主要文法事項**にまで触れています。
- **論旨の展開**：難易度が高い「第5問」の文章につき、**キーセンテンス**となる内容を箇条書きスタイルで示しています。
- **設問解説**：実際に**問題を解くうえで働かせるべき思考回路のプロセス**に忠実に書かれています。また、以下の要素を含みます。
  - KW（キーワード）：**放送開始前**に**チェック**したい、もしくは**予測**しておきたい語句や内容
  - LP（リスニング・ポイント）：**復習時**に繰り返し聴いて慣れておきたい音
  - 「遅れキーワード」：長めのリスニング問題では、英語長文の内容一致問題に似た形式がよく出題されます。その際、通常は次ページの図1のように選択肢のキーワードが聞こえてその直後に正解の根拠が続くことが多いのですが、これが図2のように逆転することがあります。このパターンが「遅れキーワード」です。

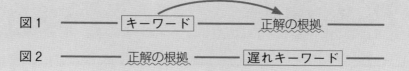

図1 ―――― キーワード ―――― 正解の根拠 ――――

図2 ―――― 正解の根拠 ―――― 遅れキーワード ――――

- ○ **放送文中の下線部：**放送文の中で**復習時にとくに気をつけて聴いてほしい箇所**には下線が引いてあります。できれば**実際に発音してみて**、正確に音をインプットしましょう。

- **日本語訳**
- **放送文**：とくに気をつけてほしい音に下線が引いてあります。2020年度共通テスト第1回には実際の試験で使用された音声をもとに下線が引かれています。

【この本の使い方】 共通テストは、解法パターンを覚えるだけでは得点できない試験です。この本の解説を、設問の正解・不正解にかかわらず**完全に理解できるまで何度も読み返す**ことにより、センター試験時代以上に重視されている「思考力・判断力・表現力」を身につけていってください。

【使用されている記号類】

- p.p.：過去分詞　• V：動詞の原形　• S'：従属節の主語
- ❶、❷、❸、……：文の番号　• Ving：現在分詞 or 動名詞
- (　　)：省略可能な部分　• [　　]：置き換え可能な部分
- 思：「思考力・判断力・表現力」を必要とする設問に付されています。

分析編

共通テストはセンター試験とココが違う

【出題形式】 形式については、前半は一部センター試験と共通のものが含まれますが、**イラストを用いた問題が増加**し、また、該当する設問指示文が放送される形式が加わりました。後半では❶ 説明・講義・意見など、**長文を利用する大問の増加** ❷ **放送回数が1回** ❸ 問題文中にある**図表・グラフから情報を読み取る形式** ❹ 選択肢を**何度用いてもよい**といった形式が出題されているという大きな変更点がいくつかあります。

【出題分量】 試験時間はセンター試験と同じく30分ではありますが、後半の問題で音声が一度しか流されないことで時間が節約された分、大問数・設問数とも大幅に増加し、それに伴い**総ワード数も400語程度増加**しています。また、出題形式もバラエティに富み、大問ごとにアプローチの仕方も異なってくるため、センター試験に比べ受験生にかかる負荷は相当増加しています。

【難易度】 センター試験と比べると難易度に幅があります。前半はCEFRレベルA2やA1中心で構成されており、センター試験と同等もしくはそれよりも易しめの問題で構成されています。しかし、後半はCEFRレベルBで構成されており、音声も一度しか流れず、出題形式も多岐にわたります。もはや英検2級では十分に対応できず、準1級レベルの、**相当高いリスニング力**が求められるだけでなく、出題形式に合わせて解答に必要な**情報を抽出**し、それらを**統合して考える力**が求められることを考えると、**センター試験よりも難易度ははるかに高い**と言えます。

共通テスト・第１日程の大問別講評

＊併せて、別冊に掲載されている問題も参照してください。

第1問 やや易 【放送２回】

Ⓐは、１～３文から成る短い発話を聴き取り、その内容にふさわしい選択肢を選ぶ問題です。How about ～? といった基本的な会話のフレーズを問う易しい問題がある一方で、後半の２問は物事が起こった順序を素早く理解する必要があったため苦戦した学生が目立ちました。**動詞の時制**や**時を表す語句**を正確に聴き取り解釈する力が求められます。Ⓑも基本的にはⒶと同じく、短文の発話の内容を理解し、それを表すイラストを選択する問題です。試行調査に引き続きまたも副 almost が問われました。また第２日程では not as ～ as が問われており、やはり**基本的な文法事項**をおろそかにはできません。全体的に難易度も易しいため、しっかりと得点を稼ぎたい問題です。

第2問 やや易 【放送２回】

２人の短い対話（発話数計４回）と、それに続く質問を聴き取り、その内容にふさわしいイラストを選択する問題です。また、設問ごとに日本語で状況が書かれています。いずれも受験生が日常生活で遭遇するような一般的な状況が設定されており、その際に自然と生まれるであろう会話をもとに構成されています。ここでは Exactly のような会話固有の言い回しや、this や these といった代名詞がイラスト内の何を指すのか、また道案内でよく使われる表現を正確に理解する力が問われました。どの会話も基本的な表現で構成されており、また難易度も易しめに設定されているので、ここでもしっかりと得点を稼ぎたいところです。

第3問 標準 【放送１回】

２人の短めの対話（発話数計４～６回）を聴き取り、その内容にふさわしい選択肢を選ぶ問題です。第２問同様日本語で状況が書かれており、また設問文も英語で記載されています。放送が１回しかないため、これらを放送前にチェックしてポイントを定めておくことが極めて重要です。また**問 13** のように、断片的に聴き取れるだけではひっかかってしまうため、ある程度しっかりと会話の内容を把握することが求められています。**問 15** や **17** で**イギリス英語**でのやりとりが問われた点も注目しておきましょう。全体として、発話数の若干の増加に伴い情報量が増え、また数字や会話独自の表現、イディオム等の使用頻度も増えており、さらに放送が一度しか流れず聴き逃しが許されないという点でも、**第1・2問**より難易度が少し上がっています。

第4問 やや易～やや難 【放送1回】

Ⓐはグラフや表についての説明を聴き、その中にある空所に適切な語句を選ぶという問題で、**数字・順序・優先度**を表す表現を正確に聴き取る力が問われます。**問**18～21は「学外での学生の過ごし方」に関する先生の説明を聴き取るというものでした。対象となる**項目とその数字、さらに高低・倍数などの関係性**について放送前に把握できていれば、比較的容易に正解を選ぶことができる内容となっていました。**問**22～25は「DVDの値下げ」というものでした。内容を聴き取りながら、値下げ率を決めるルールを理解する必要があり、**聴き取り、ルールの理解、ルールの適応**の3つを1回しかない放送時間で同時に行わなければならないという点で、難易度は高めです。

Ⓑはニューヨークで見るべきミュージカルについて4人の友人の話を聴き、その中から3つの条件を満たすものを選ぶというものでした。状況やメモ、設問も問題用紙に用意されているため、ある程度**注目すべきポイントを放送開始前に絞る**ことができ、その点で非常に取り組みやすい問題だと言えます。ただ、少し難易度を上げようという試みから、**間接的な表現**が用いられていたので、この点については今後も気をつけたいところです。

第5問 難 【放送1回】

アメリカの大学での「幸福観」についての講義を聴きながら、ワークシートを活用して講義内容の細部と全体の両方を把握するという問題でした。さらに講義の続きを聴き、「仕事と生活のバランス」を表す図表の内容と併せて、内容一致を解くという問題もついており、非常に難易度の高い問題となっています。放送開始前に**ワークシートと選択肢をチェック**し、そこから**キーワード**を抜いて**内容の予測**をしておくことで、長い内容をただ聴くのではなく、**メリハリをつけて主体的に聴き取る**ことが非常に重要になってきます。同時に、論旨の展開を追っていくうえで、**ディスコースマーカー**となる接続語句に注意しながら聴き取ることも重要です。音声は一度しか聴くことができず、難しい語句は一切使用されていないものの、標準レベルの単語・イディオムがしっかりとインプットできていないと内容理解にも苦しむでしょう。**問**27のように、内容を理解せずただ聴き取れた語句を選ぶだけでは正解にはたどり着けない問題も用意されており、全体的にとても難しい問題でした。

第6問 難 **【放送 1 回】**

Ⓐは２人の大学生による「フランス留学」についての対話を聴き取り、それぞれの趣旨を理解する問題でした。やや長めの選択肢ですが、放送前に訳しておけば「ホームステイなのか寮なのか？」「ネイティブかネイティブ以外か？」といった論点が見えてきます。**問 34** は選びやすかったのですが、**問 35** のほうは**時制**に気をつけながらリスニングができないと内容を混同してしまう可能性があります。

Ⓑはまず「お店でもらうレシート」に関する４人の意見を聴き取り、「レシートの電子化」に賛成した人数を選ぶという問題でした。さらに**問 37** では４人のうちの１人である Luke の意見を最もよく表す図表を選ぶ問題でした。**図表の内容を素早く読み取る力**が求められます。今回この２問は非常に難易度が高かったと言えます。センター試験や共通テスト試行調査でこれまでに出題された３人以上の討論の問題では、発話者がわかるように、次の話者の名前を最後に言うスタイルが多かったのですが、それがこの問題ではあまり用いられていませんでした。そのため「**今だれが話しているんだ？**」と混乱してしまった受験生が多かったようです。内容を理解しながら、なおかつどちらの男性・女性が話しているのかを声の質から判断しなければならないため、とても負荷のかかる問題でした。今後もこの形式が続く可能性があるため、さらなるリスニングのトレーニングが不可欠と言えます。

共通テストで求められる学力

【出題のねらい】 主に以下の3つの学力を測る出題です。

● ❶ 生徒のレベルに応じたリスニング力の測定

2017年から始まった共通テストの試行調査問題から最も強く感じられたのが「**難易度の幅**」です。前半の問題にはセンター試験よりも易しく基礎的な問題が含まれています。後半の問題はセンター試験よりもはるかに難しく、音声も自然のスピードにかなり近くなっています。リスニングが苦手な学生は全然得点できずに終わる可能性もあります。このように、問題の難易度に幅を持たせることで従来のセンター試験よりもより明確に受験生のリスニング力を測定しようという意図が感じられます。

● ❷ 多岐にわたる理解力

2019年度センター試験の総語数が1164語であったのに対し、第1回の共通テスト本試験では語数が1562語となり全体で約400語増加し、問題量も配点もアップしました。また、出題の形式も、イラストや表・図などの視覚的要素が激増し、それらが個々に何を指しているのかを正確に速く理解する必要があります。また、前半の問題では**使役動詞**や**時制**などの必修文法事項や、定型表現やイディオムなどの必修表現も問われています。共通テストの「英語［リーディング］」から文法問題がなくなったからといって、**文法の学習をおろそかにしてはなりません**。

● ❸ 論旨の展開と話し手の趣旨を把握する思考力

この試験の後半では、ある程度長い音声を聴いてパラグラフごとの趣旨を把握しながら全体の論旨の展開を追っていく問題と、複数の会話の趣旨を把握する問題が出題されています。このような場合、たんに聞こえた語句にもとづいて選択肢を絞り込むというアプローチでは正解を導き出すことができません。聴き取れた内容から趣旨を考え、それに近い選択肢を探すという思考力を測る意図が感じられます。

【問題の解き方】 主に以下の点に注意して解いていきましょう。

● ❶ **問題から必要な情報を抽出し、予測する**

放送が始まる前に、図や表、選択肢やワークシートから必要になると思われる情報をチェックし、**どのような内容なのか、どういう語句が使われるのかを素早く予測しましょう**。この精度は、経験を積めば積むほど高まっていきます。同時に、**選択肢を素早く訳す意識**も持っておきましょう。

● ❷ **聴きながらメモを取る**

音声が長くなるにつれて、最初のほうに聴いた内容の細部が思い出せなくなることがあります。外国語のような第二言語では、この現象がとくに顕著に表れます。さらに、共通テストでは**第3問**以降の放送回数は1回だけであり、聴き逃した部分は二度と聴き直せません。このような点からも、**聴き取りに集中しつつ簡単なメモを取りながら解いていきましょう**。

● ❸ **とくに、「数字」の表現に注意する**

リスニングの試験を解くうえでは「**数字**」が決定的に重要な情報となります。たとえば、文字面だけだと **fourteen**「14」と **forty**「40」の区別は容易ですが、アクセントの位置に気をつけないと、音として別々に認識するのは意外に難しいのです。さらに、数字は記憶として残りにくいので、正確に聴き取り、メモを取っておくことが不可欠となります。

● ❹ **番外編**

第5問は内容一致の問題が2問あり、その**すべての選択肢の訳を放送前に把握しておく**ことが極めて重要になります。そのため、第1問と第2問の2回放送の問題でとくに簡単なものは1回めの放送で正解を選び、2回めの放送の間に**第5問**の内容一致の選択肢を少しずつ訳しておくのがおすすめです。ただし、第1問と第2問はしっかりと点数を稼がないといけないので、無理して落としてしまわないよう気をつけましょう。

共通テスト対策の具体的な学習法

● ❶ スクリプトリスニング

リスニングが苦手な人、なかなか聴き取れない人に見られる共通の弱点の１つが「**音を知らない**」ということです。ある単語やフレーズの見た目はわかるのですが、それが実際にどう発音されるのかという情報がインプットされていないのです。そこで重要なのが、**スクリプトを見ながら行うリスニング**です。この作業は、それまで目で覚えていた語句に「音」を追加するものです。このように、スペリングと音の一致に関する情報が蓄積されていくことで、初めて聴く音声でも理解することができるようになります。

母国語である日本語の習得を思い出してみてください。私たちは、小さいころ字が書けませんでした。しかし、他人とのコミュニケーションはとれました。小さい頃に、文字＝目ではなく、音＝耳で言語を習得していたからです。ここに、ひらがなやカタカナ、漢字などの文字があとからインプットされていきます。私たちが英語を学ぶときには、まさにこの正反対の現象が起こっているのです。

こう考えると、私たちの英語学習においては、**音のインプットが圧倒的に欠けている**ことがわかります。これを最も効率よく行う方法が**スクリプトリスニング**です。もし時間が許すのなら、最初はスクリプトを見ずに音声を聴いて英文を書き取る**ディクテーション**を行い、そのあとでスクリプトリスニングをしてみましょう。こうすることで、後述する**構造把握**のトレーニングにもなります。また、音声が聴き取りにくい部分は**まねをして発音**してみましょう。自分で発音できる表現は、当然ながら断然聴き取りやすくなります。**何度も繰り返しスクリプトリスニングを行い、最後にスクリプトを見ずに一字一句すべて聴き取れたら合格**です！

● ❷ 英文構造の把握

リスニングが苦手な人、なかなか聴き取れない人に見られるもう１つの共通の弱点が、「**英文の構造がとれない**」というものです。リスニングが得意な人は、音声を聴きながら「今のはＳ（主語）の部分だ。あっ、Ｓが終わってＶが始まった」という具合に、音声を聴きながらある程度Ｓ+Ｖ構造を理解しています。これが、リスニング力に大きく影響します。たとえば「アズトゥー」と聞こえたときに、その箇所が英文の構造の中で前置詞の役割を果たしていれば as to だと判断できますね。しかし、もしその箇所が動詞だったらどうでしょう。「as to であるはずはないから、きっと

adds to だな」と修正できますよね。リスニングの上級者は、音声を聴きながらこういう作業を行っているのです。これができるようになるためには、日頃からの英語学習（リーディングなど）でなんとなく訳をとるのではなく、ぜひ**S+V構造を把握**してから訳すトレーニングをしましょう。

●❸ 日常的なトレーニングの継続

最後に、リスニング学習でぜひ気をつけてほしいのが、**トレーニングの継続**です。

英語4技能の指導をしていて最もスコアを上げにくいのがリスニングです。これはなぜかというと、先述したとおり、音のインプットに相当な時間がかかるためです。私自身も、受験生の頃にリスニングのトレーニングを毎日30分弱やっていましたが、「なんか最近聞こえるようになってきた！」と実感が持てるようになるまでには3カ月以上かかりました（当時はまだインターネットやリスニング教材などがほぼなかったので、ホント大変でした）。リスニング対策は、できるだけ早めに始め、根気よく続けていくようにしましょう。すると、ある日映画を観ていて突然、「今のセリフ、字幕なしで聴き取れた！」という瞬間がやってきます。

とくに気をつけたい音のルール

1. 連結系　単語の最後の音と、次の語の先頭の音はくっつきやすい

❶ 子音＋母音

amount of：アマウントォブ　can I：キャナイ

❷ 子音＋you

can you：キャニュー　can't you：キャンチュー　did you：ディヂュー

2. 弱音系

❶ 破裂音（t/g/d/k/p/b）　単語の最後の音が弱くなる

wait：ウェイ（トゥ）　meaning：ミーニン（グ）　method：メソッ（ドゥ）

❷ 主に代名詞の先頭の h/th　は前の語の子音とくっついて弱くなる、もしくは消える

on her：オナー　like him：ライキム　in their：イネアー

3. 特殊系　母音に挟まれた t は r 化しやすい

put it of：プッリッロフ

音声ダウンロードについて

音声ファイルは、以下からダウンロードして聴くことができます。

https://www.kadokawa.co.jp/product/322012000812
ID /kyotsutest　　Password/listening-2

- ダウンロードはパソコンからのみとなります。携帯電話・スマートフォンからはダウンロードできません。
- スマートフォンに対応した再生方法もご用意しています。詳細は上記URLへアクセスのうえご確認ください（※ご使用の機種によっては、ご利用いただけない可能性もございます。あらかじめご了承ください）。
- 音声はmp3形式で保存されています。お聴きいただくにはmp3ファイルを再生できる環境が必要です。
- ダウンロードページへのアクセスがうまくいかない場合は、お使いのブラウザが最新であるかどうかをご確認ください。また、ダウンロードする前にパソコンに十分な空き容量があることをご確認ください。
- フォルダは圧縮されていますので、解凍したうえでご利用ください。
- 音声はパソコンでの再生を推奨します。一部ポータブルプレイヤーにはデータを転送できない場合もございます。あらかじめご了承ください。
- なお、本サービスは予告なく終了する場合がございます。あらかじめご了承ください。

本文デザイン：ワーク・ワンダース
英文校閲：David Hal Chester
校正：東京出版サービスセンター
イラスト：笹森デザイン制作
音声収録：英語教育協議会（ELEC）
音声出演：Howard Colefield、Jennifer Okano
Guy Perryman、Emma Howard、水月優希

2021年1月実施

共通テスト・第1日程

解　答

解　説

共通テスト・第1日程　解　　答

問題番号(配点)	設問		解答番号	正解	配点
第1問(25)	A	1	1	2	4
		2	2	4	4
		3	3	3	4
		4	4	2	4
	B	5	5	2	3
		6	6	1	3
		7	7	3	3
第2問(16)	8		8	2	4
	9		9	4	4
	10		10	1	4
	11		11	1	4
第3問(18)	12		12	1	3
	13		13	2	3
	14		14	3	3
	15		15	4	3
	16		16	1	3
	17		17	2	3

問題番号(配点)	設問		解答番号	正解	配点
第4問(12)	A	18	18	1	4*
		19	19	2	
		20	20	3	
		21	21	4	
		22	22	1	1
		23	23	2	1
		24	24	1	1
		25	25	5	1
	B	26	26	2	4
第5問(15)	27		27	2	3
	28		28	1	2*
	29		29	2	
	30		30	5	2*
	31		31	4	
	32		32	4	4
	33		33	1	4
第6問(14)	A	34	34	3	3
		35	35	3	3
	B	36	36	1	4
		37	37	2	4

（注）＊は、全部正解の場合のみ点を与える。

第１問　短い内容を聴き取って理解する問題

Ⓐ　短い文の適切な内容を選ぶ問題　やや易

イントロダクション

このⒶは全体的に易しい問題が多いのだが、今回は**問３**を落とした学生が多く見られた。複数の時間軸があり、その関連性を耳で素早く正確に把握するのは決して容易ではない。今後もこの手の出題が見込まれるためしっかりとトレーニングを積んでおきたい。

問１

放送文

M: ❶ Can I have some more juice? ❷ I'm still thirsty.

語句・文法

❶ • **Can I ～?**：「**～してもよいですか**」許可を求める際によく使われるフレーズ
❶ • some more (～)：「もう少し（～）」
❷ • thirsty：形「のどが渇いた」

設問解説

1　正解：②　易

① 「話者は全くジュースを求めていない」
② 「話者はいくらかジュースを求めている」
③ 「話者はいくらかジュースを提供している」
④ 「話者は全くジュースを飲むつもりはない」
• not + any：「全く・少しも～ない」　• ask for ～：「～を求める」
• serve：他「（料理などを）提供する」

放送文❶の I have、❷の thirsty が聴き取れれば「ジュースを飲みたがっている」のだと判断できる。紛らわしい選択肢もなく易しい。

KW：want / asking for / serving ➡ ジュースがほしいのか、提供するのか？
LP：Can I「キャナィ」、some more「サモァ」サモア（島）のように聞こえる

日本語訳

男性：❶ もう少しジュースをいただけませんか。❷ まだのどが渇いています。

問2

放 送 文

M: ❶ Where can we go this weekend? ❷ Ah, I know. ❸ How about Sunset Beach?

語句・文法

❷ • Ah：間「あぁ」

❸ • **How about ～?**：「**～はどうですか**」相手に何かを提案するときの決まり文句

設問解説

| 2 | 正解：④ 易

① 「話者はそのビーチを見つけたい」
② 「話者はそのビーチについて知りたい」
③ 「話者はそのビーチの地図を見たい」
④ 「話者はそのビーチを訪れたい」

❶の where と go から「訪問場所」が問われていると判断。すると❸で「サンセットビーチ」が提案されているとわかる。

KW：find / know / see (a map) / visit ➡ ビーチをどうするのか？

日本語訳

男性：❶ 今週末はどこに行こうかね？ ❷ あぁ、わかってるよ。❸ サンセットビーチなんてどうかな？

問3

放 送 文

M: ❶ To start working in Hiroshima next week, Yuji moved from Chiba the day after graduation.

語句・文法

❶ • the day after ～：「～の翌日」

設問解説

3　正解：③　やや難

① 「ユウジは千葉に住んでいる」
② 「ユウジは千葉で勉強をしている」
③ 「ユウジは来週から働き始める」
④ 「ユウジは来週卒業する」

「働き始め」「引っ越し」「卒業」という3つの時間軸が短い文中に存在するため把握しにくかったはずだ。movedが過去形であることからすでに卒業し、その翌日に引っ越したことがわかる。だが、前半の内容から、働き始めるのは「来週＝未来」であると判断できる。

KW：living / in Chiba / studying / begin / job / graduate / next week ➡ 今千葉にいるのか？　来週何をするのか？

日本語訳

男性：❶ 来週から広島で働き始めるために、ユウジは卒業式の翌日に千葉から引っ越しました。

問4

放送文

M: ❶ I won't give David any more ice cream today. ❷ I gave him some after lunch.

語句・文法

❶ • not ～ any more：「もうこれ以上・もはや～ではない・しない」
❷ • someの後ろにice creamが省略されている

設問解説

4　正解：②　標準

分析編
解答・解説編
共通テスト・第1日程
予想問題・第1回
予想問題・第2回
予想問題・第3回

① 「デイビッドは今日話者にアイスクリームを与えた」
② 「デイビッドは今日話者からアイスクリームを得た」
③ 「デイビッドは今日話者からアイスクリームを得るだろう」
④ 「デイビッドは今日話者にアイスクリームを与えるだろう」

❶より、もう今日はデイビッドにアイスクリームを与えないとなるが、❷から昼食後にすでにアイスクリームを与えていたとわかる。

KW：gave / got / will ➡ アイスクリームをもらうのか、与えるのか？　過去か、未来か？

LP：❶の won't は want のように聞こえるが、直後の動詞の原形 give から won't と判断する。❷の代名詞 him の h が、gave とくっついて弱まり「ゲイヴィム」となっている

日本語訳

男性：❶ もうこれ以上デイビッドにアイスクリームをあげません。❷ 昼食後に（すでに）あげてます（から）。

B イラストの適切な説明を選ぶ問題

易

イントロダクション

このBは、単純な聴き取りだけではなく、語法や文法事項も同時に問われやすい。ここでは**問5**の**almost**の正確なイメージがわかっていなかったり、またその他の設問でも断片的にしか聴き取れないとやられてしまう可能性があるので注意したい。

※以下、①〜④は、それぞれのイラストのイメージを表したものである。

問5

放送文

W: ❶ Almost everyone at the bus stop is wearing a hat.

語句・文法

❶ • almost：副「ほとんど」➡ **almost**は「**一歩手前**」というイメージで覚えておこう

設問解説

5　正解：②　易

① 「5人中5人が帽子をかぶっている」
② 「5人中4人が帽子をかぶっている」
③ 「5人中1人が帽子をかぶっている」
④ 「5人中だれも帽子をかぶっていない」

先頭のAlmost everyoneが聴き取れれば「ほぼみんな」とわかる。everyoneにつられて①を選びたくなるが、almostがついているので②が正解と判断する。

KW：all / every / most / none ➡ 何人帽子をかぶっているのか？
LP：ここでは同一音がくっつくs、さらに直前の子音とくっつくisとaに注意

日本語訳

女性：❶ バス停にいるほとんどすべての人が帽子をかぶっている。

問 6

放送文

W: ❶ Nancy already has a lot of striped T-shirts and animal T-shirts.
❷ Now she's buying another design.

語句・文法

❶ • striped：形「縞模様の」

設問解説

6 正解：① 易

①「女性がハートのイラストのTシャツを買おうとしている」
②「女性がネコのイラストのTシャツを買おうとしている」
③「女性がイルカのイラストのTシャツを買おうとしている」
④「女性が縦縞のTシャツを買おうとしている」

❶から「すでに縞模様と動物柄のTシャツがたくさんある」とわかれば消去法で正解は選べる。ただ、striped や animal を断片的にしか聴き取れないと誤答の可能性あり。

KW：heart / cat / dolphin / stripe ➡ どのTシャツを買うか？
LP：a lot of の t が母音 o に挟まれて r 化し「アッロッロブ」となっている

日本語訳

女性：❶ ナンシーはすでに縞模様のTシャツと動物のイラストのTシャツをたくさん持っています。❷ 今彼女は別のデザイン（のTシャツ）を購入しています。

問 7

放送文

W: ❶ The girl's mother is painting a picture of herself.

語句・文法

❶ • picture：名「絵・写真」➡ ここでは設問のイラストや直前の painting からすぐに「絵」と判断できるが、「写真」の意味で使われることも多い

設問解説

7 **正解**：③ 易

① 「女の子が自分の絵を描いているのを女性が見ている」
② 「女の子が女性の絵を描いている」
③ 「女性が自分の絵を描いているのを女の子が見ている」
④ 「女性が女の子の絵を描いている」

girl's mother は聴き取りやすかったので、絵を描いている主語は母親と判断しやすかった。また最後の self が少しでも聞こえれば③が選べる。

KW：girl / woman / painting / herself ➡ どちらがだれを描いているのか？

LP：of herself の h が of とくっついて弱まり、「ォバーセルッ」となっている

日本語訳

女性：❶ 女の子の母親が自分自身の絵を描いている。

第2問 短い対話を聴き、適切なイラストを選ぶ問題 易

イントロダクション

この第2問のイラスト問題も難易度は易しめなので、しっかり得点を稼ぎたいところである。問11では道案内でよく使われる表現が複数出てきているので、これを機にしっかりと覚えておきたい。

問8

放送文

M: ❶ Maria, let me get your water bottle.
W: ❷ OK, mine has a cup on the top.
M: ❸ Does it have a big handle on the side?
W: ❹ No, but it has a strap.

Question:
❺ Which water bottle is Maria's?

語句・文法

❶ • **let me + V：「私にVさせてください」使役動詞 let**
❷ • mine：ここでは my water bottle を指す

設問解説

8 **正解**：② やや易

対話の場面から、話題となっているのはマリアの水筒であるため、女性の発言にとくに注意する。すると❷の a cup on the top と❹の a strap から②と③に絞れる。この2つの違いはハンドルの有無であり、❸ ➡ ❹のやり取りからハンドルがついていないと判断する。放送前のチェックで handle や strap といった語句がチェックできていれば難しくはなかったはず。

KW：strap / handle / cup ➡ ストラップや取っ手がついているのか？
LP：❹の but の t は母音に挟まれて r 化し「バリッ」となっている

日本語訳

男性：❶ マリア、君の水筒取ってあげるよ。
女性：❷ オッケー、私のは上にコップがついてるの。
男性：❸ 側面に大きな取っ手がついてるかな？
女性：❹ いいえ、でもストラップがついてるわ。

Question:
❺ どの水筒がマリアのものでしょうか？

問9

放送文

W: ❶ What about this animal one?
M: ❷ It's cute, but robots should be able to do more.
W: ❸ That's right. Like the one that can clean the house.
M: ❹ Exactly. That's the best.

Question:
❺ Which robot will the man most likely vote for?

語句・文法

❶ • **What about ～?**：**「～はどうですか？」** 相手に何かを提案するときの決まり文句
❶ • one：ここでは代名詞として robot を指す　❸ • **that's right**：**「そのとおりです」**
❸ • like：前「～に似た、～のような」　❹ • **exactly**：副「**1. 正確に　2. ぴったり・ちょうど　3. そうです・そのとおりです**」ここでは3の意味　❺ • vote：自「投票する」

設問解説

9　正解：④　易

❸の clean the house と ❹That's the best. が聴き取れれば正解は④と判断できる。

KW：serve / cook / monkey / cat / clean ➡ ロボットの機能、容姿？
LP：❶ の what の t が母音に挟まれ r 化し「ヮラバゥ」となっている

日本語訳

女性：❶ この動物のはどうかしら？
男性：❷ かわいいね、でもロボットはもっといろんなことができなきゃ。
女性：❸ そのとおりね。家の掃除ができるやつみたいに。
男性：❹ そうだよ。それが一番だね。

Question:
❺ 男性はどのロボットに投票する可能性が一番高いか？

問 10

放送文

M: ❶ Don't you need garbage bags?
W: ❷ No, they'll be provided. ❸ But maybe I'll need these.
M: ❹ Right, you could get pretty dirty.
W: ❺ And it's sunny today, so I should take this, too.

Question:
❻ What will the daughter take?

語句・文法

❶ • garbage bag：名「ゴミ袋」 ❷ • provide：他「供給する・提供する」
❹ • pretty：副「かなり・非常に」 ❹ • dirty：形「汚い」

設問解説

10 **正解**：① 標準

❶ ➡ ❷のやり取りから「ゴミ袋」は不要とわかる。このあと❸の最後の these が聴き取れるかがポイント。ここで複数だと気づければ「軍手(gloves)」と判断できる。さらに❺の sunny から「帽子」も選べるはずだ。問題文の対話の場面に「夏」とあるのもヒントになっていた。

KW：hat / gloves / (plastic) bags / mop (broom：ほうき ⬅ 必修語ではない)

LP：❷と❸の 'll は they'll「ゼル」と I'll「アル」となる

日本語訳

男性：❶ ゴミ袋は必要ないのかな？
女性：❷ 要らないよ、もらえるみたい。❸ でもきっとこれは必要かな。
男性：❹ そうだね、かなり汚れるかもしれないから。
女性：❺ それと今日は天気がいいから、これも持って行かないと。

Question:
❻ 娘は何を持って行きますか？

問 11

放送文

M: ❶ Excuse me, where's the elevator?
W: ❷ Down there, next to the lockers across from the restrooms.
M: ❸ Is it all the way at the end?
W: ❹ That's right, just before the stairs.

Question:
❺ Where is the elevator?

語句・文法

❷ • down there：副「下の方に・下の方で・あちらに」
❷ • **next to**：「**〜の隣に・の**」 ❷ • **across from**：「**〜の向かいに・の**」
❸ • **all the way**：「**1. はるばる　2. ずっと**」ここでは 2 の意味
❹ • before：前「〜の前に・の」ここでは「場所」的な前を表す
❹ • stairs：名「階段」

設問解説

| 11 | 正解：① やや易

❷の next to the lockers と across from the restrooms から①か③に絞れる。そのあと❸ ➡ ❹のやり取りで通路の奥にある①と判断する。ここで出てきた next to、across from は道案内ではよく使われるので必ず覚えておこう。

KW：next to / across from / locker / vending machine / restroom / stairs
LP：❸の it は直前の Is とくっつき「イジッ」となっている

日本語訳

男性：❶ すみません、エレベーターはどこですか？
女性：❷ あちらですよ、ロッカーの隣でトイレの向かいです。
男性：❸ ずっと行った通路の終わりのところですか？
女性：❹ そうです、階段のちょうど前のあたりです。

Question:
❺ エレベーターはどこにありますか？

第3問 やや長めの対話を聴き、適切な内容を選ぶ問題 標準

イントロダクション

ここから放送回数も1回になり、聴き逃しができないという点で難易度も上がってくる。ただ**問13**以外は、ある程度会話の流れがわかれば正解は選びやすい。問題文に書かれた会話の場面や登場人物の関係をイメージしながら聴き取りたい。

問12

放送文

M: ❶ Hello, Tina. ❷ What are you doing these days?
W: ❸ Hi, Mr. Corby. ❹ I'm busy rehearsing for a musical.
M: ❺ Really? ❻ When's the performance?
W: ❼ It's April 14th, at three. ❽ Please come!
M: ❾ I'd love to! ❿ Oh ... no, wait. ⓫ There's a teachers' meeting that day, and I can't miss it. ⓬ But good luck!
W: ⓭ Thanks.

語句・文法

❷ • **these days**：「近頃・最近」 ❹ • **be busy Ving**：「Vするのに忙しい」
❻ • performance：名「1. 実行・実績 2. 上演・演奏・演技 3. 性能」ここでは2の意味 ❾ • **I'd love to V**：「ぜひVしたい」ここではcomeが省略されている
⓬ • **good luck**：「うまくいくといいね・頑張ってね」

設問解説

12 **正解**：① 易

先生は4月14日に何をしなければならないですか？
① 「会議に出席する」
② 「リハーサルをする」
③ 「学生たちと会う」
④ 「ミュージカルを見る」

❹➡❽の展開から14日に卒業生がミュージカルに出演し、先生を誘ったのがわかる。❾で先生は一度快諾するも、⓫でその日に職員会議がある

ことを思い出し断念することから、正解は①となる。

KW：状況と選択肢どおり

LP：❷は定型表現で、are はほぼ聞こえない。⓫の後半の and I はくっつき「エナィ」となっている

日本語訳

男性：❶ やぁ、ティナ。❷ 最近は何をしているんだい？

女性：❸ こんにちは、コービー先生。❹ ミュージカルのリハーサルで忙しいんです。

男性：❺ ほんとに？　❻ 上演はいつですか？

女性：❼ 4月14日の3時です。❽ ぜひ来てください！

男性：❾ もちろんだよ！　❿ あっ、いや、ちょっと待って。⓫ その日は職員会議があって、欠席できないんだ。⓬ でも頑張ってね！

女性：⓭ ありがとうございます。

問13

放送文

M: ❶ Where do these boxes go?

W: ❷ Put them on the shelf, in the back, and then put the cans in front of them, because we'll use the cans first.

M: ❸ How about these bags of flour and sugar?

W: ❹ Oh, just leave them on the counter. ❺ I'll put them in the containers later.

語句・文法

❷ • shelf：名「棚」　❷ • **in front of**：「～の前に・の」　❸ • flour：名「小麦粉」

❺ • container：名「容器」

設問解説

13　**正解**：②　標準

最初に片付けるのはどれですか？

① 「袋」

② 「箱」

③ 「缶」

④ 「容器」

❶ ➡ ❷のやり取りから、まず箱を棚の奥にしまうことがわかる。よって正解は②となるのだが、❷の最後に罠がしかけてあった。cans first と

いう2語だけ聴くと③が正解のように思えるが、この動詞はuseであり、片付けの順序ではない。聞こえた語句だけで判断するのはやはり危険なので要注意。また、対話の場面からput awayの訳は「片付ける」と推測しておきたい。

KW：状況と選択肢どおり

LP：❺のI'llは「アル」となっている。いろいろな'llの音に慣れておこう

日本語訳

男性：❶この箱はどこに置けばいいかな？

女性：❷その棚に置いて、奥のほうに。そしたらその手前に缶を置いて、先に缶のほうを使うから。

男性：❸この小麦粉と砂糖の袋はどうする？

女性：❹そうね、カウンターの上に置いておいて。❺私があとで容器に移すわ。

問14

放送文

W: ❶ I didn't know the meeting was canceled. ❷ Why didn't you tell me?

M: ❸ Didn't you see my email?

W: ❹ No. ❺ Did you send me one?

M: ❻ I sure did. ❼ Can you check again?

W: ❽ Just a minute ... . ❾ Um ... there's definitely no email from you.

M: ❿ Uh-oh, I must have sent it to the wrong person.

語句・文法

❺ • one：このoneは「1つ」という意味ではなく、数えられる名詞を指す代名詞の働きをしている。ここでは直前のemailを指す　❻ • sure：副「確かに」　❻ • did：このdidは一般動詞の代わりをする代動詞の働き。ここでは直前のsendを指す
❽ • **just a [minute / second / moment]**：「ちょっと待って」　❾ • definitely：副「1. 明確に・確実に　2. 確かに・そのとおり・（否定文で）決して（～ない）」
❿ • **must have p.p.**：「～[だった・した]に違いない」　❿ • wrong：形「1. 悪い　2. 間違った　3. 不適切な　4. 調子が悪い」ここでは2の意味

設問解説

14 正解：③ 易

会話からどれが正しいと考えられますか？
①「男性はEメールに関してミスをしていなかった」
②「男性は女性にEメールを送信した」
③「女性は男性からEメールを受け取っていなかった」
④「女性は誤ったEメールを受信していた」

❾の (definitely) no email from you と❿の wrong person「人違い」が聴き取れれば正解は選びやすい。

KW：mistake / wrong email ➡ Eメールを受け取ったのか、間違っていたのか？
LP：❿の must have は h が弱まり t と a がくっついて「マスタァヴ」となっている

日本語訳

女性：❶ 会議が中止になったなんて知らなかったわ。❷ どうして教えてくれなかったのよ？
男性：❸ 僕が送ったメール、見てなかったの？
女性：❹ 見てないわ。❺ 私にメール送ったの？
男性：❻ もちろん送ったよ。❼ もう1回チェックしてみて。
女性：❽ ちょっと待って。❾ えーっと、間違いなくあなたからメール来てないわよ。
男性：❿ しまった、違う人に送っちゃったんだ。

問 15

放送文

イギリス英語

M: ❶ I've decided to visit you next March.
W: ❷ Great! ❸ That's a good time. ❹ The weather should be much warmer by then.
M: ❺ That's good to hear. ❻ I hope it's not too early for the cherry blossoms.
W: ❼ Well, you never know exactly when they will bloom, but the weather will be nice.

語句・文法

❹ • by then：その頃までに　❻ • cherry blossoms：名「桜」　❼ • bloom 自：「咲く」

設問解説

15　**正解**：④　易

> 女性は弟の計画についてどう思っていますか？
> ①「彼は訪問の時期を決める必要はない」
> ②「桜を見るために、彼はもっと早く来るほうがよい」
> ③「彼が来る頃に、桜は咲いているでしょう」
> ④「彼が来る頃は、そんなに寒くはないでしょう」

❶➡❹のやり取りで、姉が弟の3月訪問に賛成し、気候も暖かいと述べているため④が正解。また、❼で「いつ開花するかはわからない」と述べたあと、再度「天気は良い」と言っているので③ではなく④となる。ここでは「暖かい、天気が良い」が「寒くはない」と選択肢で言い換えられているのに気づきたい。

KW：visit / cherry blossoms / weather ➡ 訪問時期の桜の咲き具合と天候？
LP：イギリス英語ではtをはっきり発音することがある

日本語訳

男性：❶ 今度の3月に会いに行くことにしたよ。
女性：❷ ホントに！　❸ 良い時期よ。❹ その頃までにはずっと暖かくなってるはずだわ。
男性：❺ それは良いことを聞いた。❻ 桜の時期に早すぎないといいな。
女性：❼ まぁ、桜がいつ咲くかは正確にはわからないわ。でも、天気は素晴らしいわよ。

問16

放送文

W: ❶ Hey, did you get a ticket for tomorrow's baseball game?
M: ❷ Don't ask!
W: ❸ Oh no! ❹ You didn't? ❺ What happened?
M: ❻ Well ... when I tried to buy one yesterday, they were already sold out. ❼ I knew I should've tried to get it earlier.
W: ❽ I see. ❾ Now I understand why you're upset.

語句・文法

❻ • one：ticketを指す代名詞　❻ • sold out：「売り切れ」　❼ • **should have p.p.**：「～すべきだったのに（しなかった）」　❾ • **upset**：形「混乱した・落胆した」

設問解説

16　**正解**：①　易

なぜ男性は機嫌が悪いのか？
①「彼はチケットを入手できなかった」
②「彼はあまりに早くチケットを入手した」
③「女性が彼のためにチケットを入手していなかった」
④「女性が彼よりも先にチケットを入手した」

❶➡❷のやり取りから「男性はチケットを入手できなかったのでは」と推測し、❻の「売り切れ」を聴いて購入できなかったと確信する。

KW：get a ticket / early ➡ チケットを入手したのか、その時期？
LP：❶と❼の get の r 化　❾の why と you're はくっついている

日本語訳

女性：❶ ねえ、明日の野球の試合のチケット手に入った？
男性：❷ 聞かないでくれ！
女性：❸ まさか！　❹ 手に入らなかったの？　❺ どうしたのよ？
男性：❻ いや、昨日買おうとしたらさ、もう売り切れてたんだよ。❼ もっと早く買うべきだったってわかってたのに。
女性：❽ なるほど。❾ これでがっかりしている理由がわかったわ。

問 17

放送文

〈イギリス英語〉

W: ❶ Look! ❷ That's the famous actor—the one who played the prime minister in that film last year. ❸ Hmm, I can't remember his name.
M: ❹ You mean Kenneth Miller?
W: ❺ Yes. ❻ Isn't that him over there?
M: ❼ I don't think so. ❽ Kenneth Miller would look a little older.
W: ❾ Oh, you're right. ❿ That's not him.

語句・文法

❷ • prime minister：名「首相」　❻ • over there：「むこう・あそこ」

設問解説

17　**正解**：② 易

女性は何をしましたか？
①「彼女は首相の名前を忘れた」
②「彼女はある男性を他の人と勘違いした」
③「彼女は男性に俳優の名前を教えた」
④「彼女は最近古い映画を観た」
● **mistake A for B**：「**A を B と間違える**」

前半のやり取りで「女性が有名な俳優を見つけた」と推測するが、後半の❼と❿からそれが別人だったとわかる。ある程度会話の流れが追えれば正解は②と判断できる。選択肢の mistake A for B は必修イディオム。

KW：prime minister / mistook / actor / ➡ 首相と俳優、人違い？

LP：❷の last year は t と y が合わさり「ラスチャァ」となっている　❸の can't はイギリス英語では「カーントゥ」に近い

日本語訳

女性：❶ 見て！　❷ あの人は有名な俳優よ、去年あの映画で首相を演じた人よ。
　❸ ん〜、名前が思い出せない。
男性：❹ ケネス・ミラーのこと？
女性：❺ そう。❻ あそこにいる人、彼だよね？
男性：❼違うと思う。❽ケネス・ミラーなら、もう少し年上でしょ。
女性：❾ あら、あなたの言うとおりだわ。❿ 彼じゃないみたい。

第4問 やや長めの話から、必要な情報を聴き取る問題

A 聴き取った情報をグラフや表に当てはめる問題　やや易～やや難

イントロダクション

　このセクションは、グラフや表の中にある4つの空所を補うという問題で共通しているが、アプローチの仕方は若干異なる。**問22～25**では音声を聴きながら表の特徴を読み取る必要があり、難易度はやや高い。聴きながらうまくメモを取る力も求められる。

問18～21

放送文

❶ One hundred university students were asked this question: How do you spend most of your time outside of school? ❷ They were asked to select only one item from five choices: "going out with friends," "playing online games," "studying," "working part-time," and "other." ❸ The most popular selection was "going out with friends," with 30 percent choosing this category. ❹ Exactly half that percentage of students selected "working part-time." ❺ "Playing online games" received a quarter of all the votes. ❻ The third most selected category was "studying," which came after "playing online games."

語句・文法

（グラフ）
• work part-time：「アルバイト・パートで働く」

（放送文・Questions No.18～21）　❷ • item：名「項目・品目」　❷ • choice：名「選択」　❸ • popular：形「1. 人気のある　2. 大衆の」ここでは1の意味　❸ • **付帯状況の with：with＋名詞＋補語の形で「名詞を・が～しながら・して」**　❸ • category：名「範疇・区分」　❺ • receive：他「受け取る、受け入れる」　❺ • quarter：名「4分の1」　❺ • vote：名「投票」

設問解説

18	正解：① 易	19	正解：② やや易
20	正解：③ 易	21	正解：④ やや易

「学外での学生の過ごし方」全 100 人
① 「友達と出かける」
② 「オンラインゲームをする」
③ 「勉強する」
④ 「バイトする」

まずは放送前にグラフの数字に倍数（2 分の 1）と 4 分の 1 があることに注目。次に❶でグラフのタイトル、❷で各選択肢を確認しよう。そのあと❸の The most popular で[18]の準備をすると①が聴き取れる。次に❹の出だしの half が聴き取れれば、30 ÷ 2 で 15% の[21]が④と判断できる。②はチャンスが二度ある。❺の quarter もしくは❻の came after から[19]だとわかる。キーワードがしっかりと聴き取れれば全問正解は十分可能な問題だと言える。

KW：15% / 30% / 25% ➡ twice, double / half / quarter

日本語訳

❶ 100 人の大学生に以下の質問をした——学外での時間の多くをどのようにしてすごしていますか？　❷ 学生らは 5 つの選択肢から 1 つだけを選ぶよう指示された——「友人とお出かけ」「オンラインゲーム」「勉強」「バイト」「その他」。❸ 最も広く選ばれたのは「友人とお出かけ」で、30% がこの項目を選んだ。❹ この割合のちょうど半分の学生が「バイト」を選んだ。❺「オンラインゲーム」は全投票の 4 分の 1 を集めた。❻ 3 番めに多かった項目は「勉強」で、「オンラインゲーム」に続く形となった。

問 22〜25

放 送 文

❶ We've discounted some DVD titles. ❷ Basically the discount rate depends on their release date. ❸ The price of any title released in the year 2000 and before is reduced 30%. ❹ Titles that were released between 2001 and 2010 are 20% off. ❺ Anything released more recently than that isn't discounted. ❻ Oh, there's one more thing! ❼ The titles with a star are only 10% off, regardless of their release date, because they are popular.

語句・文法

(表)

- title：名「1. 表題・題名　2. 肩書」ここでは1の意味
- release date：名「公開日・発売日」　• discount：名「割引（率）」

(放送文・Questions No.22～25)　❶ • discount：他「割引する」

❷ • rate：名「1. 率・割合　2. 料金」ここでは1の意味　❷ • **depend on：「1.～に頼る・依存する　2.～次第である」**

❸ • release：他「1. 解放する　2. 公開する・発売する」ここでは2の意味

❺ • recently：副「最近」

❼ • **regardless of：「～にかかわらず・～とは関係なく」**

設問解説

22	正解：①	標準	23	正解：②	やや易
24	正解：①	標準	25	正解：⑤	やや易

① 「10%」
② 「20%」
③ 「30%」
④ 「40%」
⑤ 「割引なし」

まずは❷から割引率は発売日によって決まることを確認。すると❸❹❺から「2000年以前は30%オフ」「2001年から2010年は20%オフ」「それ以降は割引なし」という3つのルールがわかる。さらに気をつけたいのが❼の「★印は10%オフ」である。以上をまとめると[22]と[24]は★がついているので①、[23]は2003年なので②、[25]が2019年のため⑤となる。ここでは❼がしっかりと理解できたかどうかが重要なポイントとなった。

KW：割引率は作品名、それとも発売日？　★印は何だ？

LP：❷は depends on がくっつき「ディペンゾオン」となっている

日本語訳

❶ 一部のDVD作品を値下げしました。❷ 基本的には、値下げ率は発売日によって決まります。❸ 2000年以前に発売された作品の価格はいずれも30%オフ。❹ 2001年から2010年の間に発売された作品は20%オフ。❺ それ以降にリリースされた作品は値下げの対象にはなりません。❻ そうだ、もう1点あります！　❼星印がついている作品は、その発売日に関わらず10%オフにしかなりません。理由は人気作品だからです。

B メモを活用し、条件を満たすものを選ぶ問題　標準

イントロダクション

4人の友人からのアドバイスを聴き、条件を満たす作品を選ぶこの問題では、何よりもまず聴き取りながらメモを取る力が求められる。また、即座に判断しにくい内容や言い換えも含まれており、内容を細部まで理解する力が求められている。

問 26

放送文

イギリス英語

1. ❶ I love *It's Really Funny You Should Say That!* ❷ I don't know why it's not higher in the rankings. ❸ I've seen a lot of musicals, but none of them beats this one. ❹ It's pretty serious, but it does have one really funny part. ❺ It's performed only on weekdays.

2. ❻ You'll enjoy *My Darling, Don't Make Me Laugh.* ❼ I laughed the whole time. ❽ It's only been running for a month but already has very high ticket sales. ❾ Actually, that's why they started performing it on weekends, too.

3. ❿ If you like comedies, I recommend *Sam and Keith's Laugh Out Loud Adventure.* ⓫ My friend said it was very good. ⓬ I've seen some good reviews about it, too, but plan carefully because it's only on at the weekend.

4. ⓭ Since you're visiting New York, don't miss *You Put the 'Fun' in Funny.* ⓮ It's a romance with a few comedy scenes. ⓯ For some reason, it hasn't had very good ticket sales. ⓰ It's staged every day of the week.

語句・文法

(表) ● condition：名「1. 状態　2. 状況　3. 条件」ここでは3の意味

(放送文・Question No.26) ❶ ● funny：形「おかしな」 ❸ ● beat：他「1. 打つ　2. 負かす」ここでは2の意味 ❹ ● serious：形「1. まじめな・真剣な　2. 重大な」ここでは1の意味 ❹ **● do / does / did＋一般動詞の原形：「本当に・実際にVする」一般動詞を強調する表現** ❺ ● perform：他「1. 行う　2. 上演する・演じる・演奏する」ここでは2の意味 ❺ ● weekday：名「平日」 ❻ **● make＋O＋V：「OにVさ**

せる（強制的）」使役動詞 **make** の用法　❼ • the whole time：「始終・ずっと」
❽ • run：自ここでは「（上演などが）続く」を意味する　❾ • actually：副「実際に・じつは」　❾ • **that's why**：「そういう訳で」　❿ • recommend：他「推奨する・勧める」　❿ • loud：副「大声で」　⓬ • review：名「1. 評論・批評　2. 再調査　3. 概観・報告・回顧　4. 復習」ここでは 1 の意味　⓬ • carefully：副「注意深く・慎重に」
⓬ • on：形ここでは「上演中」を意味する　⓭ • miss：他「1. 逃す　2. 乗り遅れる　3. 見そこなう・見落とす」ここでは 3 の意味　⓯ • for some reason：ここでは reason が単数形なので「何らかの理由で」と解釈する。some の基本イメージは「はっきりしない」　⓰ • stage：他「1. 上演する　2. 計画する」ここでは 1 の意味

設問解説

26　**正解**：②　標準　思

① It's Really Funny You Should Say That!
② My Darling, Don't Make Me Laugh
③ Sam and Keith's Laugh Out Loud Adventure
④ You Put the 'Fun' in Funny

まずは 3 つの条件（A. 楽しく笑える／B. 人気／C. 平日に公演）を確認する。「メモ」が用意されているので、聴き取りながら各項目に○×をつける。あいまいで即断できないものには△をつけておくのがおすすめだ。①はそのタイトル名や❹から A は○。B は❷より×。❸で絶賛しているが、これは個人的見解であり B には該当しない。この手のひっかけには注意したい。C は❺から○と判断できる。②の A は❼からすぐに○と判断できる。B は❽で「チケットの売れ行きが好調」と言っており、間接的に人気があることがわかるので○。C は❾で「週末も上演し始めた」と言っているのが聴き取れれば、「平日だけではなく週末も」と判断できるはずである。ここは思考力が問われた。よってこれが正解となる。③は❿⓫⓬の流れで A と B が○だと容易に判断できたはずだ。このまますべて○になるかと思いきや、そのあとの⓬後半の but を聴き、「C は×かも」と予測。最後の weekend で×と確信に至る。最後の④は⓮で「コメディーのシーンが少しある」と言っているので A はギリギリ○もしくは△とする。だが次の⓯の「チケットの売り上げがあまり良くない」から判断すると、B は×と言える。C は⓰で「毎日」と言っているので○となる。難易度を上げるために B のチケットの売り上げが間接的に表現されていたので、本番もぜひ気をつけておきたい。

日本語訳

1. ❶ 私は *It's Really Funny You Should Say That!* が大好きです。❷ 何でもっと順位が高くないのか理解できません。❸ これまでにたくさんのミュージカルを見てきたけれど、これ以上の作品はありません。❹ かなりお堅い作品ですが、じつは1つ本当に面白いパートがあるんです。❺ この作品は平日のみ上演されています。

2. ❻ あなたは *My Darling, Don't Make Me Laugh* を気に入るでしょう。❼ 私はずっと笑っていました。❽ まだ上演して1カ月しかたっていませんが、すでにチケットの売り上げは非常に好調です。❾ 現にそういう理由で、週末の上演も開始しました。

3. ❿ もしコメディーがお好きでしたら、*Sam and Keith's Laugh Out Loud Adventure* をおすすめします。⓫ とても良かったって私の友人が言っていました。⓬ 私もこのミュージカルに関する良いレビューをいくつか見たことがあります。でも、上演は週末のみなので気をつけてください。

4. ⓭ せっかくニューヨークを訪問しているのですから、*You Put the 'Fun' in Funny* を絶対に見てください。⓮ これはロマンスですが、コメディーのシーンも多少あります。⓯ どういう訳か、チケットの売れ行きはあまり良くありません。⓰ 週のすべての曜日で上演されています。

第5問 長い講義を聴き、資料と照らし合わせて理解する総合的な判断力を問う問題 難

イントロダクション

この大問では、幸福観についての講義を聴き取り、ワークシートを活用しながら細部と大意の両方を把握する総合力が求められる。また、追加の放送を聴き、グラフと講義の内容から判断して答える問題も用意されており難易度は極めて高い。放送前の時間を有効活用し、どれほど多く事前にチェックできているかがカギとなる。

問 27～33

放送文

Questions No.27～32

❶ What is happiness? ❷ Can we be happy and promote sustainable development? ❸ Since 2012, the *World Happiness Report* has been issued by a United Nations organization to develop new approaches to economic sustainability for the sake of happiness and well-being. ❹ The reports show that Scandinavian countries are consistently ranked as the happiest societies on earth. ❺ But what makes them so happy? ❻ In Denmark, for example, leisure time is often spent with others. ❼ That kind of environment makes Danish people happy thanks to a tradition called "hygge," spelled H-Y-G-G-E. ❽ Hygge means coziness or comfort and describes the feeling of being loved.

❾ This word became well-known worldwide in 2016 as an interpretation of mindfulness or wellness. ❿ Now, hygge is at risk of being commercialized. ⓫ But hygge is not about the material things we see in popular images like candle lit rooms and cozy bedrooms with hand-knit blankets. ⓬ Real hygge happens anywhere—in public or in private, indoors or outdoors, with or without candles. ⓭ The main point of hygge is to live a life connected with loved ones while making ordinary essential tasks meaningful and joyful.

⓮ Perhaps Danish people are better at appreciating the small, "hygge" things in life because they have no worries about basic necessities. ⓯ Danish people willingly pay from 30 to 50 percent of their income in tax.

⑯ These high taxes pay for a good welfare system that provides free health care and education. ⑰ Once basic needs are met, more money doesn't guarantee more happiness. ⑱ While money and material goods seem to be highly valued in some countries like the US, people in Denmark place more value on socializing. ⑲ Nevertheless, Denmark has above-average productivity according to the OECD.

Question No.33

❶ Here's a graph based on OECD data. ❷ People in Denmark value private life over work, but it doesn't mean they produce less. ❸ The OECD found that beyond a certain number of hours, working more overtime led to lower productivity. ❹ What do you think?

語句・文法

ワークシート

• World Happiness Report：「世界幸福度報告」 • purpose：名「目的」 • promote：他「促進する」 • well-being：名「幸福・健康（な状態）」 • consistently：副「一貫して」 • spread：自「広がる」 • interpretation：名「解釈」 • ordinary：形「1. 普通の　2. 平凡な」ここでは2の意味

放送文・Questions No.27～32

❷ • development：名「発達・開発」 ❸ • issue：他「出版する・発（行）する」 ❸ • organization：名「組織（化）・団体」 ❸ • approach：名「1. 接近　2. 取り組み」ここでは2の意味 ❸ • sustainability：名「持続可能性」 ❸ • **for the sake of：「～のために」** ❹ • rank：自「位する」 ❼ • environment：名「環境」 ❼ • **thanks to：「～のおかげで」** ❼ • tradition：名「伝統」 ❽ • coziness：名「居心地の良さ」 ❽ • comfort：名「1. 快適　2. 慰め」ここでは1の意味 ❾ • mindfulness：名「心の充実」 ❾ • wellness：名「健康（な状態）」 ❿ • **at risk：「危険な状態で」** ⓫ • material：形「物質的な・有形の」 ⓫ • lit：light「火をつける」の過去分詞形 ⓫ • cozy：形「居心地の良い」 ⓫ • hand-knit：形「手縫いの」 ⓫ • blanket：名「毛布」 ⓬ • **in public：「公の場で・人前で」** ⓭ • connect：他「つなぐ・接続する」 ⓭ • loved one：名「愛する人・大切な人」 ⓭ • ordinary：形「普通の・並みの」 ⓭ • essential：形「1. 必要不可欠な　2. 本質的な」ここでは1の意味 ⓮ • appreciate：他「1.（良さが）わかる　2. 認識する　3. ありがたく思う」ここでは2の意味 ⓮ • basic necessities：名「生活必需品」 ⓯ • willingly：副「進んで・喜んで」 ⓯ • income：名「収入」 ⓰ • provide：他「供給する」 ⓰ • free：形「無料の」 ⓰ • health care：名「1. 医療　2. 健康管理」 ⓱ • **once S' + V'：「ひとたびS'がV'すると」** ⓱ • guarantee：他「保証する」 ⓲ • highly：副「1. 非常に　2. 高く」ここでは1の意味 ⓲ • value：他「1. 評価する　2. 尊重する」

ここでは1の意味　⑱ • place A on B：「AをBに置く」　⑲ • nevertheless：副「それにもかかわらず」　⑲ • above-average：形「平均以上の・並外れた」
⑲ • productivity：名「生産性」　⑲ • **according to**：「**1.～によると　2.～に応じて・従って**」ここでは1の意味

放送文・Question No.33

❶ • **based on**：「**～にもとづいた**」　❷ • over：前 ここでは「～よりも」の意味
❸ • certain：形「1. 確かな　2. ある一定の」ここでは2の意味　❸ • overtime：副「時間外に・規定時間を超えて」　❸ • **lead to**：「**～へとつながる**」

論旨の展開

放送文・Questions No.27 to 32

❶～❷：幸福とは：幸福と発展は共存できるのか？
❸～❺：世界幸福度報告：2012年に始まったこの報告によるとスカンジナビア半島の国々の幸福度が高いのだが、それはなぜか？
❻～❽：デンマークの例：ヒュッゲと呼ばれる伝統により幸福を達成している
❾～❿：ヒュッゲの危機：2016年に認知されるようになったヒュッゲが今では商業化の危機に
⓫～⓭：真のヒュッゲ：大切な人たちとのつながり
⓮～⓰：デンマーク人の幸福度が高い理由：高い税金を払うことで社会保障が充実
⓱～⓲：社交性を重視：生活必需品が満たされれば、お金や物よりも他者とのつながり大切
⓳：生産性：それでも生産性は平均以上を維持

設問解説

問27

27　正解：②　標準

①「(幸福や健康) を超えた持続可能な発展目標」
②「(幸福や健康) を支える持続可能な経済」
③「(幸福や健康) のための持続可能な自然環境」
④「(幸福や健康) に異議を唱える持続可能な社会」
• sustainable：形「持続可能な」　• development：名「1. 発達・発展　2. 開発」ここでは1の意味　• challenge：動「1. 挑戦する　2. 異義を唱える」ここでは2の意味

まずワークシートのPurposeから、この設問は「世界幸福度報告」の「目的」が問われていることを把握する。すると❸の後半で「幸福や健康への経済的持続可能性への新しい取り組み方を発達させるため」と述べられているのがわかる。よってこの内容に一番近い②が正解となる。ただ①には気をつけたい。ワークシートの空所 27 の直前の語であるpromoteにつられ❷のpromote sustainable developmentを聴き①を選びたくなる可能性は高い。ただ選択肢を冷静に考えてみると前置詞のbeyondは明らかに講義内容と合わないはずだ。これは内容を理解せず、聞こえた語句だけで選ぼうとする受験生へのひっかけである。ちなみにワークシートではpurposeで「目的」を表していたが、音声ではto develop ～とし、to V（不定詞）「Vするために」によって「目的」を表している。これも一種の「言い換え」なので気をつけたい。

KW：purpose / promote / development / economy / natural environment ➡ 目的は？

問 28～31

28 正解：① やや難 思　29 正解：② 標準 思
30 正解：⑤ 標準　31 正解：④ 標準

① 「商品」
② 「関係」
③ 「仕事」
④ 「どこでも」
⑤ 「屋内」
⑥ 「屋外」

● relationship：名「関係」　● task：名「仕事・任務・作業」

この問題ではまずワークシートから、ヒュッゲの「一般的」なイメージと「本当」の姿を比較しているのがわかる。その際what、where、howから 30 と 31 には④、⑤、⑥のいずれかが入ると推測し、またそこから 28 と 29 には①、②、③のいずれかが入ると推測する。すると⓫のpopular imagesがキーワードとなり、直後のcandle lit rooms and cozy bedroomsの二度のroomsから「屋内」なのではと判断できれば 30 の答えは⑤が選べる。では 28 はというと、解答の根拠は遅れキーワードとなり、popular imagesの直前のthe material thingsだった訳だ。これが「物質的なもの」と解釈できれば正解は①だと判断できる。次に⓬に入るとすぐに次のキーワードであるReal hyggeが聞こえてくる。そのまま 29 と 31 の答えを待ち構えているとanywhereが聞こえてくる。

よって 31 の答えにほぼ同意語である④を選ぶ。ただ、これを聴き逃してしまうと直後に **indoors or outdoors** が出てくるため、混乱して⑤か⑥を選んでしまう可能性がある。最後に次の⓭の **a life connected with loved ones** から「他者とのつながり＝関係」が重要だとわかり、 29 には②を入れることができる。理想的にはキーワードに頼ることなく内容を全体的に把握できるとよいのだが、音声も速く、一度しか読まれないことを考えるとそれは至難の業と言えよう。するとキーワードを頼りに何とか聴き取るしかないのだが、ここでは遅れキーワードが出てきたため難易度はやや高めであった。

KW：popular image / real hygge / what / where

問 32

32 **正解**：④ やや難 思

① 「デンマーク人は生活水準を維持するための高い税金に反対している」
② 「デンマーク人は人付き合いよりも生活必需品にはお金をかけていない」
③ 「デンマーク人の収入は、贅沢な暮らしを促すのに十分高い」
④ 「デンマーク人は福祉制度により、有意義な暮らしを送ることができる」

● Danish：形「デンマークの」 ● against：前「1.～に反対して 2.～に向かって 3.～を背景にして」ここでは1の意味 ● maintain：他「1. 維持する 2. 主張する」 ● standard of living：名「生活水準」 ● basic needs：名「最低限必要な物」 ● socializing：名「人付き合い」 ● income：名「収入」 ● luxury：名「贅沢」 ● welfare system：名「福祉制度」 ● meaningful：形「意義のある・有意義な」

①は⓯の「デンマーク人は喜んで収入の30～50%を税金に充てる」と矛盾する。②は音声で判断するのは難しいかもしれないが、講義では「生活必需品」と「人付き合い」の費用は一切比較されていない。⓲で **place more value on socializing** と言っているが、これは「重視している」と言っているだけであり、お金をより多くかけているとまでは言っていない。③は⓰で「高い税金」と出てくるが、これは収入が高いと言っているのではない。また⓱で「最低限必要な物が満たされれば、収入が増えた分、より幸せになるとは限らない」と述べていることからも、正解とは言えない。最後の④は❹の「スカンジナビア半島の国々が世界で最も幸せ」、⓮の「デンマーク人は生活必需品について心配する必要がないため、暮らしの中でヒュッゲを見つけるのに長けている」、また⓰の「高い税金により福祉制度が充実 ➡ 医療や教育が無料」といった内容から、これが正解だと判断できる。放送前に可能な限りキーワードをチェックしておき、それらが講

義の中でどのように使われているかを把握し、同時に消去法を駆使して正解までたどり着きたい。ある1文を聴き取るだけでは判断しにくく複数の文から総合的に考える必要があるため、難易度はやや高めと言える。

KW：税金と生活水準。必需品 vs 交際費。贅沢な暮らし。社会保障 ➡ 有意義な暮らし

問33

33 **正解**：① やや難 思

① 「デンマークの人々は、残業をあまりしないものの生産性を維持している」
② 「デンマークの人々は、収入が保証されていながらも、たくさん働くことを楽しんでいる」
③ 「OECDの加盟国に暮らす人々は残業が多いため、より生産的である」
④ 「米国に暮らす人々は費用のかかる生活を送っているが、余暇の時間が最も多い」

• overtime work：「残業」 • **even though S'+V'～：「1. S' は V' だけれども 2. たとえ S' が V' だとしても」**ここでは1の意味 • productive：形「生産的な」

まずは Work-Life Balance「仕事と生活のバランス」と題するグラフの特徴を素早くチェックしていこう。

• このグラフの最大の特徴はずばり「デンマークの残業時間が圧倒的に少ない」という点に尽きる。
• 余暇の時間は三者とも似通っているものの僅差でデンマークが一番多い。

これらの点から②と④は正解の候補から外れる。また、放送内容の❸から「残業が増えると生産性は低下する」ことがわかるので③も不適切とわかる。①の残業に関してはグラフと放送内容の❷から、また生産性に関しては放送内容の❷と講義内容の⓳からそれぞれ正しいと判断できる。グラフを正しく読み取ることで放送前に選択肢を2つ外しておくことができれば、正解にかなり近づけたはずだ。このように放送前に選択肢を絞り込んでおくことでポイントを限定しておくことがこの問題ではカギとなる。

KW：残業、生産性、収入保障、余暇の関係性

日本語訳

ワークシート

○世界幸福度報告
・目的：幸福や健康を支える持続可能な経済を促進する
・スカンジナビア半島の国々：継続して世界で最も幸福（2012 年以降）
なぜ？　⇒　デンマークにおける「**ヒュッゲ**」的な生活スタイル

⬇　2016 年に世界中に広まる

○ヒュッゲの解釈

	ヒュッゲの一般的なイメージ	デンマークでの実際のヒュッゲ
対象	商品	関係性
場所	屋内	どこでも
方法	特別	普通

問27～32

❶ 幸福とは何でしょうか？　❷ 私たちは幸福でありながら、持続可能な発展を促進することができるのでしょうか？　❸ 2012 年以降、幸福と健康のために経済的持続可能性への新しい取り組み方を発達させるべく、国連の機関によって「世界幸福度報告」が発行されてきた。❹ この報告が示すのは、スカンジナビア半島の国々は一貫して、世界で最も幸福度の高い社会としてランクインしているということだ。❺ だが、なぜこれらの国々はそれほど幸福なのでしょうか？　❻ たとえばデンマークでは、余暇の時間は多くの場合、他人と過ごす。❼ このような環境で、ヒュッゲ（スペルは H-Y-G-G-E）と呼ばれる伝統のおかげもあり、デンマークの人々は幸福を得ているのである。❽ ヒュッゲは居心地の良さや快適さを意味し、また愛されているという感情を表す。❾ この言葉は 2016 年に心の充実、もしくは健康の解釈として世界中で広く知られるようになった。❿ 今、ヒュッゲは商業化の危機に直面している。⓫ だが、ヒュッゲは私たちが一般的にイメージする、キャンドルに照らされた部屋や手縫いの毛布が備わった居心地の良い寝室といった物質的なものに関連するのではない。⓬ 本当のヒュッゲは、公の場でも私的な空間でも、屋内でも屋外でも、キャンドルがあろうとなかろうと、至る所に生じるのである。⓭ ヒュッゲの重要なポイントは、ごく一般的な必要不可欠な仕事を有意義で楽しいものにしながら、同時に愛する人たちと結ばれた生活を送ることなのである。
⓮ 恐らくデンマーク人が暮らしの中のちょっとした「ヒュッゲ」的なものを認識するのに長けているのは、彼らが生活必需品について心配する必要が全くないからであろう。⓯ デンマーク人は自らの収入の 30～50% を税金として進んで支払う。⓰ この高い税金が、無料の医療や教育を提供する優れた福祉制度を賄っている。⓱ ひとたび最低限必要な物が満たされれば、収入が多くてもより幸福になれるという保証はないのである。⓲ アメリカのような一部の国では、お金や物質的な商品が非常に重んじられ

るようだが、デンマークの人々は人付き合いをより大切にしている。⓳それにもかかわらず、OECD（経済協力開発機構）によると、デンマークは平均以上の生産性を有しているのである。

問33

❶これは、OECDのデータをもとに作られたグラフである。❷デンマーク人は仕事よりもプライベートの生活を大切にするが、だからといって生産性が低いということではないのだ。❸OECDによると、ある一定の時間を超えた場合、残業時間が増えるほど生産性が低下していくことがわかった。❹あなたはどう思いますか？

第6問 異なる話し手の意見を聴き、その趣旨を把握する問題

A 2人の長めの対話から双方の趣旨を探る問題 標準

イントロダクション

このセクションは、留学先のフランスでの滞在の仕方についての2人の意見を聴き、一方の趣旨と他方の内容について答える問題である。放送前に各選択肢にしっかりと目を通し、ステイ先とルームメイトというポイントを把握しておけばかなり聴き取りやすくなるはずである。

問34・35

放送文

Jane: ❶ Are you all right, Sho? ❷ What's wrong?
Sho: ❸ Hey, Jane. ❹ It turns out a native French speaking host family was not available ... for my study abroad program in France.
Jane: ❺ So you chose a host family instead of the dormitory, huh?
Sho: ❻ Not yet. ❼ I was hoping for a native French-speaking family.
Jane: ❽ Why?
Sho: ❾ Well, I wanted to experience real spoken French.
Jane: ❿ Sho, there are many varieties of French.
Sho: ⓫ I guess. ⓬ But with a native French-speaking host family, I thought I could experience real language and real French culture.
Jane: ⓭ What's "real," anyway? ⓮ France is diverse. ⓯ Staying with a multilingual family could give you a genuine feel of what France actually is.
Sho: ⓰ Hmm. ⓱ You're right. ⓲ But I still have the option of having a native speaker as a roommate.
Jane: ⓳ In the dormitory? ⓴ That might work. ㉑ But I heard one student got a roommate who was a native French speaker, and they never talked.
Sho: ㉒ Oh, no.
Jane: ㉓ Yes, and another student got a non-native French-speaking roommate who was really friendly.
Sho: ㉔ Maybe it doesn't matter if my roommate is a native speaker or not.

Jane: ㉕ The same applies to a host family.

語句・文法

❶ • **Are you all right?**：「大丈夫ですか？」 ❷ • **What's wrong?**：「どうかしたの？」
❹ • **turn out**：「〜だとわかる」 ❹ • available：形「利用できる・入手可能な」
❹ • study abroad：「留学（する）」通常動詞で使うことが多いが、ここでは形容詞化して program にかかっている ❺ • **instead of**：「〜の代わりに」 ❺ • dormitory：名「寮」 ❻ • **not+yet**：「まだ〜ない」 ❾ • experience：他「経験する」
❿ • **a variety of**：「いろいろな〜」 ⓭ • anyway：副「1. いずれにせよ　2. ともかく」ここでは 1 の意味 ⓮ • diverse：形「1. 異なった　2. 種々の・多様な」ここでは 2 の意味 ⓯ • multilingual：形「多言語の」 ⓯ • genuine：形「本物の・真の」
⓲ • option：名「選択（肢）」 ㉔ • **matter**：自「**重要である**」 ㉕ • **apply to**：「〜に当てはまる」

設問解説

問 34

| 34 | **正 解**：③ やや易

ジェーンの趣旨は何でしょうか？
① 「ネイティブのフランス語を話すホストファミリーが最高の経験を提供する」
② 「ネイティブではない寮のルームメイトのほうがよりためになる」
③ 「ネイティブスピーカーと暮らすことが優先されるべきではない」
④ 「寮が最高の言語経験を提供してくれる」
• educational：形「1. 教育の・教育上の　2. 教育的な・有益な」
• priority：名「1. 重要であること　2. 優先（事項）」ここでは 2 の意味

ネイティブスピーカーと暮らすことにこだわりを見せるショーに対してジェーンは⓮「フランスは多様だ」と言い、そのあと⓯「多言語の家族と暮らすほうが本当のフランスを感じられる」と述べている。さらに終盤㉑の「ネイティブスピーカーと暮らしたが全く会話がなかった学生」や㉓の「ネイティブではないが友好的なルームメイトと暮らした学生」についての話から考えると③が正解となる。㉓の発言だけから判断すると②を選びたくなってしまうが、発言全体から考えるとそこまでは言っていない。

KW：native / host family / non-native / dormitory ➡ ネイティブ？　寮かホームステイか？

問 35

35 **正解**：③ 標準

ショーはどのような選択をする必要があるのか？
① 「言語プログラムを選ぶか、文化プログラムを選ぶか」
② 「留学プログラムを選ぶか否か」
③ 「ホストファミリーと暮らすか、寮で暮らすか」
④ 「ネイティブのフランス語を話す家族と暮らすかどうか」
• whether to V：「V するかどうか」

❹の発言から「ショーがフランスでの留学プログラムに参加する」という前提であり、また直後の❺ ➡ ❻のやり取りから、「まだホームステイにするか寮にするか決めていない」ということがわかる。よってプログラムの内容や参加するかどうかについての選択肢①と②が不適切であり、③が正解だと判断できる。④については注意が必要である。❼や⓬で a native French-speaking (host) family という表現が出てきており、ショーがネイティブの家庭でホームステイをしたい想いが伝わってくる。ただ、これらはいずれも過去形であり、❹の not available から明らかなように、もうネイティブのホストファミリーに空きがなく、選択不可能なのである。このように選択肢を絞り込む際に**時制がヒントとなる**ことがあるので気をつけたい。

KW：program / host family / dormitory / native ➡ プログラム内容？　ステイ先はどっち？　ネイティブと住む？

日本語訳

ジェーン：❶ 大丈夫、ショー？　❷ どうしたの？
ショー：　❸ やぁ、ジェーン。❹ どうやらフランス語のネイティブのホストファミリーが見つからなくて……僕のフランス留学なんだけど。
ジェーン：❺ ということは、寮じゃなくてホームステイにしたってこと？　どうなの？
ショー：　❻ まだ決めてないよ。❼ フランス語のネイティブの家庭を希望してたんだ。
ジェーン：❽ どうしてなの？
ショー：　❾ それは、本物のフランス語会話を味わってみたくて。
ジェーン：❿ ショー、フランス語にはいろいろな種類があるわよ。
ショー：　⓫ だろうね。⓬ でもフランス語のネイティブのホストファミリーなら、本物の言葉と本物のフランス文化を体感できると思ったんだ。
ジェーン：⓭ いずれにせよ「本物」ってどういうこと？　⓮ フランスは多様な国よ。⓯ 複数の言語を話す家庭に滞在することで、フランスが実際どんなものなのかの真の感覚が得られるのではないかな。

ショー：　⑯ うーむ。⑰ 君の言うとおりだ。⑱ でも僕にはまだルームメイトをネイティブスピーカーにするという選択肢もある。

ジェーン：⑲ 寮ってこと？　⑳ それならうまくいくかもしれない。㉑ でも、私が聞いたのは、ある学生がネイティブのフランス人をルームメイトにしたけど、一言も話さなかったんだって。

ショー：　㉒ まさか、そんな。

ジェーン：㉓ ほんとよ、それから別の学生は、ネイティブではないがフランス語を話すルームメイトだったけど、とっても親しみやすかったって。

ショー：　㉔ ルームメイトがネイティブだろうとそうでなかろうと、重要ではないのかもなぁ。

ジェーン：㉕ 同じことがホストファミリーについても当てはまるよ。

B 共通のテーマに対する発言者それぞれの趣旨を把握する問題　難

イントロダクション

このセクションは、レシートの電子化について4人の意見を聴き取り、賛成派か反対派かを判断し、さらに特定の個人の発言の趣旨と合うグラフを選ぶ力が問われている。4人の声はそれぞれ特徴的ではあるものの、発言者の名前があとからわかるやり取りが多々あることからだれが発言しているのかがわからず、内容理解とは別のところにも気を遣わねばならないため全体的に相当解きにくい問題であった。

問 36・37

放送文

イギリス英語

Yasuko: ❶ Hey, Kate! ❷ You dropped your receipt. ❸ Here.

Kate: ❹ Thanks, Yasuko. ❺ It's so huge for a bag of chips. ❻ What a waste of paper!

Luke: ❼ Yeah, but look at all the discount coupons. ❽ You can use them next time you're in the store, Kate.

Kate: ❾ Seriously Luke? ❿ Do you actually use those? ⓫ It's so wasteful. ⓬ Also, receipts might contain harmful chemicals, right Michael?

Michael: ⓭ Yeah, and that could mean they aren't recyclable.

Kate: ⓮ See? ⓯ We should prohibit paper receipts.

Yasuko: ⓰ I recently heard one city in the US might ban paper receipts by 2022.

Luke: ⓱ Really, Yasuko? ⓲ But how would that work? ⓳ I need paper receipts as proof of purchase.

Michael: ⓴ Right. ㉑ I agree. ㉒ What if I want to return something for a refund?

Yasuko: ㉓ If this becomes law, Michael, shops will issue digital receipts via email instead of paper ones.

Kate: ㉔ Great.

Michael: ㉕ Really? ㉖ Are you OK with giving your private email address to strangers?

Kate: ㉗ Well ... yes.

Luke: ㉘ Anyway, paper receipts are safer and more people would rather have them.

Yasuko: ㉙ I don't know what to think, Luke. ㉚ You could request a paper receipt, I guess.

Kate: ㉛ No way! ㉜ There should be NO paper option.

Michael: ㉝ Luke's right. ㉞ I still prefer paper receipts.

語句・文法

❷ • drop：他「落とす」 ❷ • receipt：名「レシート・領収書」 ❺ • huge：形「巨大な・大きい」 ❺ • bag：名「1. 袋　2. かばん」ここでは 1 の意味 ❻ • waste：名「1. 浪費　2. 廃棄物」ここでは 1 の意味 ❽ • **next time S' + V'：「次に S' が V' するときに」** ❾ • seriously：副「1. 本気で　2. 重く・ひどく」ここでは 1 の意味
⓫ • wasteful：形「無駄遣いの多い・浪費的な」 ⓬ • contain：他「含む」
⓬ • harmful：形「有害な」 ⓬ • chemical：名「化学物質」 ⓭ • recyclable：形「リサイクル可能な」 ⓮ • See?：「わかりますか？」ここでは you が省略されている
⓯ • prohibit：他「禁止する」 ⓰ • ban：他「禁止する」 ⓳ • proof：名「証明・証拠」
⓳ • purchase：名「購入」 ㉑ • agree：自「同意する・意見が一致する」
㉒ • **what if S' + V'：「もし S' が V' したらどうなる？」** ㉒ • refund：名「払い戻し」
㉓ • law：名「法律」 ㉓ • via：前「～経由で」 ㉖ • stranger：名「1. 見知らぬ人　2. 不慣れな人」ここでは 1 の意味 ㉘ • **would rather V：「（むしろ）V したい」**
㉚ • request 他「頼む」 ㉛ • **no way：「決して～ない・あり得ない」** ㉞ • prefer：他「（～より）好む」

設問解説

問 36

36 正解：① 難 思

この問題は極めて正答率が低かった。②を選んだ学生が非常に多かった。まずはケイトから見ていこう。ケイトは紙のレシートについて終始批判的な発言をしているが、中でも❺と❻の「大きいし紙の無駄」、⓯の「紙のレシートを禁止すべき」、㉜の「紙のレシートという選択肢はあってはならない」といった発言内容から、紙のレシートを完全に否定しており、さらに㉔で、直前に話題となった「レシートの電子化」に強く賛成していることから『電子派』とわかる。次にルークだが、最初の発言となる❼と❽から紙のレシートについていると思われるクーポン推しであることがわかり、さらに⓳の「購入の証明として紙のレシートが必要」と、㉘の「紙のレシートのほうが安全」といった発言から完全に『紙派』と判断できる。この 2 人はわかりやすかった。もう一人の男性マイケルはというと、最初の発言となる⓭で、直前の紙のレシートの有害物質に同意し、さらに「リサイクル不可」と述べたため、『電子派』と思わせるのだが、そのあと⓴

と㉑でルークに同意し始めたあたりから風向きが変わっていく。すると㉖でEメールアドレスを赤の他人に知られることに抵抗を示し、最後の㉞で「紙のほうがいい」となることから最終的には『紙派』であることがわかる。この問題でカギを握るのはヤスコである。発言回数が若干少なめだが、⑯でアメリカのある都市が紙のレシートを禁止する可能性について、㉓でレシートが電子化された場合のお店の対応についてそれぞれ触れている。ただ、このいずれも単に事実を述べているにすぎず、電子化に賛成とまでは言っていないのがポイントだ。最後の発言となる㉙と㉚でも「(電子化したとしても) 紙のレシートを請求できるのでは」と言っているだけで**明確に電子化を支持している訳ではない**。中立的な立ち位置である。文字で読んだとしてもかなり悩ましいため、リスニングでこれを判断するのは至難の業と言えよう。もし問題文が「レシートの電子化に賛成、もしくは賛成っぽい人」となっていればヤスコも含めて2人となるのだが……。

問 37

37 **正 解**：② やや難

① 「紙を作るための素材」
② 「人々が好むレシートの種類」
③ 「迷惑メール」
④ 「デジタルクーポン使いますか？」

この問題は放送前にうえに示したような各グラフの趣旨をチェックし、だれの発言が問われているのかを把握しておかないと焦ってしまい、やられてしまう可能性が高い。今回は会話の序盤❼で「ディスカウントクーポン」が出てきたのだが、ここで「(紙のレシートについていると思われる) クーポン」という点が理解できていないと④を選んでしまう可能性が高い。グラフのほうは「デジタル」クーポンであるため内容にずれがある。1回しか放送がないためこの部分を誤解してしまうと修正は困難である。会話の終盤でルークが㉘「より多くの人が紙のレシートを持ちたがる」と述べており、これが正解の根拠となる。

日本語訳

ヤスコ： ❶ねぇ、ケイト！ ❷レシートを落としたわよ。❸はい。
ケイト： ❹ありがとう、ヤスコ。❺ポテトチップス1袋しか買ってないのに大きすぎるわ。❻ほんと紙の無駄よ！
ルーク： ❼そうだけど、割引クーポンをすべて見てみなよ。❽次回お店に行ったときに使えるよ、ケイト。

ケイト：　❾ 本気なの、ルーク？　❿ 本当にそのクーポン使うの？　⓫ とっても無駄よ。⓬ あと、レシートは有害な物質を含んでいるかもしれないの、そうよね、マイケル？

マイケル：⓭ そうだね、そしてそれはつまり、レシートは再利用できない可能性があるってことさ。

ケイト：　⓮ わかった？　⓯ 紙のレシートは禁止にすべきなのよ。

ヤスコ：　⓰ 最近聞いたんだけど、アメリカのある都市が2022年までに紙のレシートを禁止するかもしれないみたい。

ルーク：　⓱ ほんとなの、ヤスコ？　⓲ でもそれってうまくいくの？　⓳ 紙のレシートって購入の証明に必要なんだけど。

マイケル：⓴ そのとおり。㉑ 僕もそう思う。㉒ もし何かを返品して返金を受けるときはどうなっちゃうのかな？

ヤスコ：　㉓ もしこれが法律で定められたら、マイケル、店は紙のレシートの代わりにメールを使ってデジタル版のレシートを発行するのよ。

ケイト：　㉔ 凄いわ。

マイケル：㉕ ほんとに？　㉖ 自分のメールアドレスを知らない人に教えても大丈夫なの？

ケイト：　㉗ そうねぇ、大丈夫。

ルーク：　㉘ いずれにせよ、紙のレシートのほうが安全で、そっちを好む人のほうが多いよ。

ヤスコ：　㉙ どう考えていいかわからないわ、ルーク。㉚ 紙のレシートを請求できると思うわ。

ケイト：　㉛ そんなのダメよ！　㉜ 紙のレシートっていう選択肢があっちゃダメなのよ。

マイケル：㉝ ルークの言うとおり。㉞ やっぱり紙のレシートのほうがいいな。

予想問題・第1回

解　答
解　説

予想問題・第1回　解　答

問題番号（配点）	設問		解答番号	正解	配点
第1問（25）	A	1	1	2	4
		2	2	4	4
		3	3	3	4
		4	4	4	4
	B	5	5	1	3
		6	6	2	3
		7	7	3	3
第2問（16）	8		8	3	4
	9		9	4	4
	10		10	3	4
	11		11	3	4
第3問（18）	12		12	2	3
	13		13	1	3
	14		14	1	3
	15		15	4	3
	16		16	2	3
	17		17	1	3
第4問（12）	A	18	18	3	4*
		19	19	4	
		20	20	1	
		21	21	2	
		22	22	4	1
		23	23	5	1
		24	24	1	1
		25	25	5	1
	B	26	26	3	4
第5問（15）	27		27	1	3
	28		28	3	2*
	29		29	1	
	30		30	5	2*
	31		31	4	
	32		32	3	4
	33		33	1	4
第6問（14）	A	34	34	4	3
		35	35	1	3
	B	36	36	2	4
		37	37	4	4

（注）＊は、全部正解の場合のみ点を与える。

第1問 短い内容を聴き取って理解する問題

A 短い文の適切な内容を選ぶ問題

やや易

イントロダクション

全体的に易しい問題で構成しつつ、出来事の順序を把握するものや、聴き間違いをしやすい音を含む問題も含めてある。それらに気をつけながらぜひ、全問正解を目指してほしい。

問 1

放送文

イギリス英語

W: ❶ Can I have another few minutes? ❷ This question is a bit tougher than I thought.

語句・文法

❶ • **another ＋期間：「もう・さらに（期間）」**

❷ • a bit 〜：「少し〜」

❷ • tough：形「1. かたい　2. 頑丈な　3. 困難な」ここでは 3 の意味

設問解説

1 正解：② 易

① 「話者は問題に答えるのを諦めた」
② 「話者は問題に答えようとしている」
③ 「話者は数分以内で問題に答えた」
④ 「話者は問題は難しくないと思っている」
　• **give up Ving：「V するのを諦める」**

放送文❶の another few minutes がポイント。語句・文法にもあるように another ＋期間となっているので、訳は「もう数分」となる。❷と併せて考えると、「思いのほか難しいのであと数分ください」と言っているのである。

KW：gave up / trying / answered ➡ 問題に答えたのか、まだなのか、諦めた？

LP：I はどちらも直前の n とくっつき、「ナァイ」となっている

日本語訳

女性：❶ もう数分もらえるかな？　❷ この問題、思っていたよりも少し難しくて。

問2

放 送 文

M: ❶ How far is the station from here by car?

語句・文法

❶ • **how far ～**：「**どのくらい遠いか**」距離を尋ねる表現

設問解説

| 2 | 正 解：④ 易

① 「話者は電車がいつ到着するのかを知りたがっている」
② 「話者は駅に駐車場があるのかを知りたがっている」
③ 「話者は駅の住所を知りたがっている」
④ 「話者は駅までの距離を知りたがっている」
• parking lot：「駐車場」

How far と来たらすぐに「距離」とイメージできるようにしておきたい。最後の「車」につられて②を選ばないように。

KW：train / arrive / parking lots / address / distance ➡ 駅・電車の情報

日本語訳

男性：❶ その駅までの距離は車でどのくらいですか？

問3

放 送 文

W: ❶ Hiroshi has been working on his project since he came home from school.

語句・文法

❶ • have been Ving：「ずっと V し続けている」現在完了進行形
❶ • **work on ～**：「**～に取り組む**」

設問解説

3 正解：③ やや易

① 「ヒロシは学校で自分のプロジェクトに取り組んでいた」
② 「ヒロシは自分のプロジェクトを終えたあとで帰宅した」
③ 「ヒロシは自宅で自分のプロジェクトに取り組んでいる」
④ 「ヒロシは帰宅し、自分のプロジェクトを終えた」

ここでは現在完了進行形が用いられており、学校から帰宅して以来ずっと今に至るまで自身のプロジェクトに取り組んでいることがわかれば、選択肢の中で③が一番近いと判断できる。出来事の順序を追うときは動詞の時制にとくに注意する必要がある。

KW：was working / school / came home / finished / is doing ➡ 場所と順序
LP：he の h が、since とくっつくことで弱くなっている

日本語訳

女性：❶ ヒロシは学校から帰宅してからずっと自分のプロジェクトに取り組み続けている。

問 4

放 送 文

M: ❶I'm telling Susan that I won't see him tonight.

語句・文法

❶ • tell ＋人＋ that S+V 〜：「人に〜と伝える」

設問解説

4 正解：④ やや易

① 「話者は今夜彼に会いたがっている」
② 「スーザンは今夜彼に会いたがっている」
③ 「話者はスーザンにあとで彼に会ってほしいと思っている」
④ 「話者は今晩彼に会うつもりはない」
• want O to V：「O に V してほしい」

この問題の狙いは、won't see を want to see と聴き間違えないかという点である。後者の場合はもう少し to の音が強くなる、もしくは「ウォナ」と聞こえる。音声を繰り返し聴き won't の音に慣れておこう。

KW：wants to see / not going to see ➡ だれが会うのか、会わないのか？
LP：that の t が母音（a と t）に挟まれ、R 化している。

日本語訳

男性：❶ 私は今夜彼に会う気はないとスーザンに伝えています。

B イラストの適切な説明を選ぶ問題

易

イントロダクション

ここでは語句の問題と動詞関連の問題を用意した。動詞は形で訳が大きく変わるため、正確に聴き取ることができないと大きな誤解を引き起こしてしまう。その点に気をつけて取り組んでみよう。

※以下、①〜④は、それぞれのイラストのイメージを表したものである。

問5

放送文

M: ❶ My favorite stuffed animal was nearly run over by a car.

語句・文法

❶ • favorite：形「お気に入りの」

❶ • stuffed animal：名「ぬいぐるみ」

❶ • nearly：副「ほとんど」➡ **nearly** は almost と同様「**一歩手前**」というイメージで覚えておこう

❶ • run over：「（車などが）ひく」

設問解説

5 正解：① やや易

① 「ぬいぐるみが通過する車の車輪の真横にある絵」
② 「ぬいぐるみが通過する車の車輪の真下にある絵」
③ 「ぬいぐるみが通過後の車の車輪の跡の下にある絵」
④ 「ぬいぐるみがこれから通過する車の車輪にひかれそうな絵」

nearly が聴き取れ、その意味が almost 同様「一歩手前」であることがわかっていれば was nearly run over で「ひかれる一歩手前 ➡ ひかれかけた」と解釈できるので①が正解となる。動詞が過去形なので④は不可。

KW：animal / run over / car ➡ ひかれるのか、ひかれたのか？

LP：over は直前の n とくっつき、「ノーヴァー」となっている

日本語訳

男性：❶ 私のお気に入りのぬいぐるみが車にひかれかけた。

問６

放送文

M: ❶ The man is being asked by the young lady to take a picture of the temple.

語句・文法

❶ • S be asked to V：「S は V するよう頼まれる」

設問解説

6　正解：②　やや易

①「男性がお寺を指さし、女性に自分のスマホを渡している絵」
②「女性がお寺を指さし、男性に自分のスマホを渡している絵」
③「男性と女性がいっしょにスマホでお寺を背景に自撮りしている絵」
④「男性と女性がそれぞれ自分のスマホでお寺を撮影している絵」

最初に The man が聞こえ、男性が主語と気づいたあとに is being asked の受動態（＋進行形）が正確に聴き取れれば、頼まれているのは「男性」と判断できる。誤解してしまうと話の内容が真逆になってしまうため、**能動態と受動態の聴き分け**は非常に重要である。

KW：picture / temple / together ➡ いっしょに撮るのか、撮ってあげるのか？
LP：語末の破裂音である g や d が弱くなっている

日本語訳

男性：❶ 男性はお寺の写真を撮るよう若い女性に頼まれている。

問７

放送文

W: ❶ When his sister came home, the boy had already eaten her cake.

語句・文法

❶ • had [already] p.p.：「もう（すでに）～してしまった」過去完了形

設問解説

7 **正解**：③ 易

① 「姉が帰宅すると、少年がケーキを食べている最中の絵」
② 「姉が帰宅すると、少年がケーキを食べ始めようとしている絵」
③ 「姉が帰宅すると、少年がケーキを食べ終えてご満悦な絵」
④ 「姉が帰宅すると、少年がケーキの最後のひと口を食べようとしている絵」

前半は聴き取りやすく、姉（妹）が帰宅したことがわかる。後半も had already eaten と過去完了形が使われているのがわかれば「もう食べ終えている」と判断できるはずだ。**過去完了形に気づけたら、過去形を探して時差を明確にする**こと。

KW：eat / cake ➡ 食べ始めるのか、最中か、食べ終えたのか？
LP：eaten の t は母音に挟まれ、R 化している

日本語訳

女性：❶ 姉が帰宅したときに、少年はすでにケーキを食べ終えていた。

第2問 短い対話を聴き、適切なイラストを選ぶ問題 やや易

イントロダクション

いずれの問題も、共通テストとほぼ同じ難易度となっている。一部の問題ではあまり簡単になりすぎないよう代名詞を用いてぼかしている箇所があるが、周辺の情報が聴き取れれば内容は把握できるはず。

問8

放送文

イギリス英語

W: ❶ Do you need a folding chair?
M: ❷ Yes, they don't have a rental service. ❸ I also need this at night.
W: ❹ Right. You can't see anything without it.
M: ❺ But I don't need that one because it's freezing cold outside.

Question:
❻ What will the son take?

語句・文法

❶ • folding：形「折り畳みの」
❹ • **not + any = no**：「全く～ない」
❺ • freezing：形「凍りつくほど」ここでは cold にかかり、副詞的に用いられている

設問解説

8 正解：③ やや易

状況とイラストから、キャンプの荷物の話と推測できる。❶➡❷のやり取りから「折り畳み式の椅子」を持っていくと判断できる。そのあと❸の「夜に必要なもの」と❹の「それがないと見えない」から「ランタン」も持っていくことがわかる。この時点で正解は③と判断できる。❺は「クーラーボックス」のことを言っているのだが、出だしで「不要」と言っているので気にする必要はない。

KW：chair / light / cooler box ➡ 何を持っていくのか？
LP：イギリス英語ではtが母音に挟まれてもR化せずtのまま発音される。can't は「カーントゥ」に近い

日本語訳

女性：❶ 折り畳み式の椅子いるの？
男性：❷ うん、レンタルしてないんだ。❸ 夜はこれも必要だね。
女性：❹ そうね。それがないと何も見えないからね。
男性：❺ でもあれは要らないかな。だって、外は凍えるほど寒いからね。

Question:
❻ 息子は何を持っていくでしょうか？

問 9

放 送 文

M: ❶ Why don't you get this one?
W: ❷ Actually, I'm looking for one that is easy to carry.
M: ❸ But you'll need this to type letters.
W: ❹ No. I can do that on screen.

Question:
❺ Which product will the daughter buy?

語句・文法

❶ • **Why don't you ～?**：「～したらどうですか？」
❷ • actually：副「実際に・じつは」 ❷ • **look for ～**：「～を探す」
❸ • letter：名「1. 手紙　2. 文字」ここでは 2 の意味

設問解説

9 正解：④ やや易

まず❷の easy to carry から①を外す。❸の type letters から、キーボードのことを指していると判断できるが、❹の no でそれを否定し「画面上でできる」と言っているので正解は④と判断できる。

KW：desk top / lap top / draw / tablet ➡ 持ち運び、キーボード付きか？
LP：'ll の発音は繰り返し聴いて慣れておこう

日本語訳

男性：❶ これにしたらどうだい？
女性：❷ じつは運びやすいのを探してて。
男性：❸ でも文字を打つのにこれが必要だろ。
女性：❹ 要らないよ。画面上でできるから。

Question:
❺ 娘はどの製品を購入するでしょうか？

問 10

放送文

W: ❶ What kind of car do you have in mind?
M: ❷ One with large space rather than a sports car.
W: ❸ How many seats do you need?
M: ❹ I don't have any kids, so two would be enough.

Question:
❺ Which car is John going to buy?

語句・文法

❶ • **what kind of ～**：「どのような種類の～」 ❶ • **have ～ in mind**：「～を考えている・計画している」 ❷ • **rather than ～**：「～というよりもむしろ」

設問解説

10 正解：③ 標準

❷の rather than がちゃんと聴き取れていればスポーツカーではなく、スペース重視だとわかる。そのあと❸で話題は席数へと移り、❹の two へとつながる。これらの条件にあうのは 2 席で荷台にスペースがある③と判断できる。ちなみにこのような荷台のある車を英語では pickup (truck) と言う。

KW：sports car / door / pickup ➡ 車種、席数、ドア数？

日本語訳

女性：❶ どのような車種をお考えですか？
男性：❷ スポーツカーよりは、広いスペースがある車かな。
女性：❸ 何席必要でしょうか？
男性：❹ 子どもは 1 人もいないから、2 席あれば十分でしょう。

Question:
❺ ジョンはどの車を購入しますか？

問 11

放送文

M: ❶ I would like to stay at a bungalow on the mountain side.
W: ❷ No way. ❸ I'd like to stay by the lake and enjoy fishing.
M: ❹ Good idea! ❺ Then, how about the one across from the vending machine?
W: ❻ As long as it's not too close to the restroom, I'm fine.

Question:
❼ Where will they stay?

語句・文法

❶ • **would like to V**：「**V したい**」
❷ • **no way**：「**ありえない・絶対にダメ**」
❺ • **then**：副「**1. そのとき　2. それから　3. それなら**」ここでは 3 の意味
❺ • **across from**：「**〜の向かいに・の**」 ❺ • vending machine：名「自動販売機」
❻ • **as long as S'＋V' 〜**：「**1. S' が V' する限り　2. S' が V' する間**」ここでは 1 の意味
❻ • **I'm fine**：「**私は大丈夫です**」

設問解説

11 **正解**：③ やや易

最初に男性が「mountain side」を提案するが、❷の No way. で一蹴されるのがわかる。この時点で③か④を想定し、そのあとの lake や fishing、さらに❹の Good idea! で確信へと至る。次にこの手の問題で頻出する❺の across from が聴き取れれば「自販機の向かい」とわかり③に目がいく。最後に❻の not を聴き取り「トイレに近すぎなければ」という条件を述べているのがわかれば正解が③だと判断できる。

KW：mountain / lake / river / parking / vending machine / restroom
LP：at a はくっついて t が母音に挟まれ「アラァ」となっている

日本語訳

男性：❶ 僕は山側のバンガローに泊まりたいな。
女性：❷ 絶対に嫌よ。❸ 湖の近くに泊まって、釣りを満喫したいわ。
男性：❹ 名案だね！　❺ それなら、この自動販売機の向かいのはどうかな？
女性：❻ トイレから近すぎないなら大丈夫よ。

Question:
❼ 彼らはどこに泊まりますか？

第3問 やや長めの対話を聴き、適切な内容を選ぶ問題 やや易

イントロダクション

第3問の特徴は何と言っても、「状況」と「設問文」の両方が問題用紙に書かれていることである。この点を生かして、頭の中で2人のやり取りをしっかりとイメージしながら聴くことで、会話は理解しやすくなるはずだ。細かい部分にも気をつけて取り組んでみよう。

問12

放送文

M: ❶ I'm going to stay at a hotel near the mountain next weekend.
W: ❷ If you are lucky, you will be able to enjoy the beautiful white mountain.
M: ❸ What do you mean? ❹ I thought the mountain was covered with snow all year round.
W: ❺ Usually, yes, but this year, the weather is strange.
M: ❻ I hope it will have snowed by the time I get there.

語句・文法

❹ • **be covered with ～**：「～で覆われている」 ❹ • **all year round**：「一年中」
❺ • usually：副「通常は・大抵は」 ❻ • will have p.p.：未来完了形「(未来のある時までには) ～しているだろう」 ❻ • **by the time S'＋V' ～**：「S'がV'するときまでに」
❻ • get there：「そこに着く」

設問解説

12 **正解**：② やや易

山について正しいのはどれか？
① 「それは雪で覆われていて美しい」
② 「山はいつもとは見た目が異なる」
③ 「来週末、山に雪があると報告されている」
④ 「山の雪はもう溶けてしまった」
• melt：動「溶ける」

❷で女性が男性に「運が良ければ美しい雪山を楽しめる」と言い、それに対し男性は❹で「山は一年中雪で覆われていると思っていた」ことがわかる。そのあと❺の but に注目すると、直後の「今年は天候がおかしい」という発言から、山の様子は例年と異なると判断できる。よって正解は②となる。❹の動詞が過去形だったことと、❺の but 以降に注目できたかどうかがカギとなる。

KW：covered with snow / melted ➡ 山は雪で覆われているのか？

日本語訳

男性：❶ 来週末、あの山の近くのホテルに泊まる予定なんだ。
女性：❷ もし運が良ければ、美しい雪山を楽しむことができるね。
男性：❸ どういうこと？　❹ あの山は一年中雪で覆われてると思っていたんだけど。
女性：❺ 通常はそうなんだけど、今年は天候がおかしくて。
男性：❻ 僕が行く頃までに雪が降っていることを願うよ。

問 13

放送文

W: ❶ Mike, do you know Professor Smith?
M: ❷ Of course. ❸ I took one of his classes last year. ❹ Why?
W: ❺ How was that? ❻ Did you enjoy the class?
M: ❼ Yeah, I did. ❽ It was sometimes difficult, though.
W: ❾ Thanks. ❿ I'm interested in taking his class this year.

語句・文法

❽ • **though**：副「（文中・文末で）でも・けれど」
❿ • **be interested in ～**：「～に興味・関心がある」

設問解説

13　正解：①　易

会話によると正しいのはどれか？
① 「ケイトはスミス教授の授業を受講しようと考えている」
② 「ケイトはスミス教授の授業は面白いと思っている」
③ 「マイクはスミス教授からあまり多くを学べなかった」
④ 「マイクはスミス教授の授業を再受講するつもりである」

❶➡❽のやりとりから、ケイトがマイクにスミス教授の授業について尋ねており、興味を持っているのがわかる。そのあと❿でケイトがスミス教授の授業を今年履修することに関心があることが明確になる。よって正解は①となる。話の展開がある程度追えていれば易しい問題であるが、interested と interesting の聴き間違いをしてしまうと②を選んでしまう可能性もあるので気をつけたい。

KW：take Professor Smith's class / interesting ➡ だれが受講する・した、どんな授業？

LP：❻の you は直前の d とくっつき「ジュー」となっている

日本語訳

女性：❶ マイク、スミス教授のこと知ってる？
男性：❷ もちろん。❸ 去年彼の授業を受講してたよ。❹ 何で？
女性：❺ その授業はどうだった？　❻ 授業楽しめた？
男性：❼ うん、楽しめたよ。❽ 時々難しかったけどね。
女性：❾ ありがとう。❿ 今年彼の授業を受講しようかと思ってて。

問 14

放 送 文

W: ❶ How was your weekend? ❷ I went out and watched a movie with my friend.
M: ❸ I spent the whole weekend preparing for today's presentation.
W: ❹ Oh my goodness. ❺ It completely slipped my mind.
M: ❻ The class starts after lunch, so you still have some time.
W: ❼ OK, I'll skip all the morning classes and work on it somewhere quiet.

語句・文法

❷ • go out：出かける
❸ • **spend＋時間・お金＋Ving：「時間・お金を V するのに費やす」**
❸ • **prepare for ～：「～の準備をする」**
❸ • presentation：名「プレゼンテーション（プレゼン）・発表」
❹ • Oh my goodness：「何ということだ」驚きや怒りを表す
❺ • **slip one's mind：「（つい）忘れる」**
❼ • skip：他「1. とばす　2. 休む・さぼる」ここでは 2 の意味

設問解説

14 **正解**：① 標準

このあと女性は恐らく何をするでしょうか？
①「彼女は図書館でプレゼンの準備をする」
②「彼女は授業中静かにしている」
③「彼女は男性と昼食を取る」
④「彼女はお店に行き、プレゼントを購入する」

❶➡❸のやり取りから、女性は週末を満喫していたのに対し、男性はプレゼンの準備に追われていたことがわかる。そのあと❺で女性が「プレゼンのことを忘れていた」と述べると、男性が❻で「授業は午後だからまだ時間がある」と告げる。ここまでの流れをしっかりと把握し、さらに場面は「登校時」であることまでイメージできていれば、❼「午前の授業をさぼって、静かなところで準備する」という発言につながるのが理解できるだろう。①の「図書館」は「静かなところ」の言い換えであると気づきたい。**登場人物の関係と状況**を常にイメージしながら聴き取るよう心がけよう。

KW：prepare / quiet / lunch / present ➡ プレゼン、プレゼント？

日本語訳

女性：❶ 週末はどうだった？　❷ 私は友達と出かけて、映画を観たよ。
男性：❸ 僕は週末はすべて、今日のプレゼンの準備に充てたよ。
女性：❹ しまった。❺ プレゼンのこと完全に忘れてた。
男性：❻ 授業が始まるのは昼食後だよ、だからまだ時間はあるよ。
女性：❼ わかった、午前中の授業を全部さぼって、どこか静かなところで取りかかるわ。

問 15

放送文

W: ❶ Let's put all the camping gear into the trunk of our car.
M: ❷ OK. ❸ What do you want me to put in first?
W: ❹ First, we need to put this cooler box in the back, and then put the chairs and tables in the middle.
M: ❺ All right. ❻ How about our brand new tent?
W: ❼ Oh, that's the last thing we put in the trunk because I want to set up the tent as soon as we reach the campsite.

語句・文法

❶ • gear：名「用具一式」（不可算名詞）

❻ • brand new：「真新しい」

❼ • as soon as S' + V' ～：S' が V' するとすぐに

設問解説

| 15 | **正 解**：④ 標準

サイトで最初につかわれるのは何でしょうか？

① 「クーラーボックス」

② 「テーブル」

③ 「椅子」

④ 「テント」

この問題では first の使われ方が正確に理解できているかがカギとなる。まず設問文で問われているのは「サイトで最初に使うもの」である。だが、❸で出てくる first は「車のトランクに最初に積むもの」であり、ひっかけとなっている。サイトで最初に使うのは❼「ついてすぐにテントを設営したい」という発言から④のテントとわかる。このようなひっかけ問題にも気をつけよう。

KW：設問どおり

LP：❸❻❼の３箇所で母音に挟まれた t が R 化している

日本語訳

女性：❶ キャンプ道具一式を車のトランクに載せましょう。

男性：❷ 了解。❸ 最初に何を入れてほしい？

女性：❹ はじめに、このクーラーボックスを奥に入れて、それから椅子とテーブルを真ん中に入れてくれるかな。

男性：❺ わかった。❻ 新品のテントはどうする？

女性：❼ おぉ、それはトランクに最後に入れましょう。キャンプサイトに着いたらすぐにテントを設営したいからね。

問 16

放送文

イギリス英語

M: ❶ I would like to send this parcel.
W: ❷ OK. ❸ Would you like to try our express service?
M: ❹ Well, what's the benefit?
W: ❺ It promises your parcel will be delivered to your destination by the next day, but it costs twice as much as the regular service.
M: ❻ The cost doesn't matter. ❼ I want to use the service.

語句・文法

❶ • parcel：名「小包」 ❸ • express：形「1. 速達便の　2. 急行の」ここでは 1 の意味 ❹ • benefit：名「1. 利益　2. 給付」ここでは 1 の意味 ❺ • deliver：他「配達する」 ❺ • destination：名「目的地」 ❺ • regular：形「1. 規則正しい　2. 定期の　3. 定まった　4. 正規の」ここでは 4 の意味 ❻ • **matter**：自「**重要である**」

設問解説

16　正解：②　やや易

男性は次に何を行うでしょうか？
① 「通常のサービスを用いて小包を送る」
② 「速達便を用いて小包を送る」
③ 「翌日に速達便を用いて小包を送る」
④ 「今回は小包を送らないことにする」

設問文と選択肢から「男性が荷物を送るのか、速達を使うのか」というイメージは持てたはずである。すると❸の express が断然聴き取りやすくなる。次に❺で「速達便の特徴」が説明されているのがわかる。そのあと❻の動詞の matter の訳がわかっていれば「費用は関係ない」と理解できる。この matter の用法は確実におさえておきたい。

KW：send / regular / express / next day ➡ 送る、送らない？　いつ？　速達？

日本語訳

男性：❶ この小包を送りたいのですが。
女性：❷ かしこまりました。❸ 速達便を使いたいですか？
男性：❹ そうですね、利点は何ですか？
女性：❺ 荷物が翌日までに宛先に配送されることが確約されますが、通常の倍の料金がかかります。

男性：❻ 費用は気にしません。❼ そのサービスを利用したいです。

問 17

放送文

W: ❶ What will the weather be like tomorrow?
M: ❷ The weather forecast says it'll be fine.
W: ❸ Nice. ❹ I'll see my client tomorrow. ❺ How about this weekend?
M: ❻ It says it will be cloudy with scattered showers.
W: ❼ What? ❽ I won't be able to play tennis again this weekend.
M: ❾ It seems like you'll have to be a little more patient.

語句・文法

❶ • **what S be like：「S はどんなか」** ❷ • weather forecast：「天気予報」
❹ • client：名「顧客」 ❻ • scattered showers：「所によりにわか雨」
❾ • patient：形「忍耐強い」

設問解説

17　**正 解**：① やや易

会話によると正しいのはどれか？
① 「女性は先週末テニスをしなかった」
② 「女性は明日顧客とテニスをする」
③ 「女性は今週末患者に会わなければならない」
④ 「今週末、天気はそれほど悪くはない」

❶ ➡ ❹のやり取りから「明日の天気が良い」ことと、「女性は顧客に会う」ことがわかる。次に❺の this weekend で話題が今週末に移ると、❻の「にわか雨」が理解できたかどうかがカギとなる。最後に❽の won't がしっかりと聴き取れ、さらに again に注目できれば「女性は今週末もまたテニスができない」のがわかり正解は①と判断できる。patient には名詞で「患者」の意味もあるが、ここでは形容詞で用いられているので気をつけたい。

KW：tennis / client / patients / weather ➡ だれとテニスをするのか？ 天気は？
LP：❾の 'll は have to とつながり、とても弱くなっている

日本語訳

女性：❶ 明日は天気はどうなのかしら？

男性：❷ 天気予報によると晴れだよ。

女性：❸ いいわね。❹ 明日は顧客に会うの。❺ 今週末はどうかしら？

男性：❻ 曇り時々雨って書いてあるよ。

女性：❼ えっ？　❽ 今週末またテニスできないの。

男性：❾ もう少し辛抱しなければならないようだね。

第4問 やや長めの話から、必要な情報を聴き取る問題

A 聴き取った情報をグラフや表に当てはめる問題 標準

イントロダクション

どちらの問題においても「数字」を正確に聴き取ることが必要であるが、前半の問題では「順序」を表す語句を、後半の問題では「ルール」を表す箇所もしっかりと聴き取り理解する必要がある。また、数字は記憶に残りにくいため、うまく「メモ」を取りながら聴き取ることも心がけたい。

問 18〜21

放送文

❶ One hundred senior college students participated in a survey about their future careers. ❷ They were asked to select only one category from the following five: "manufacturing industry," "trading company," "information technology industry," "banking and insurance industry," and "other." ❸ "Information technology industry," which had once been the most popular choice, was selected by 30 students in this survey. ❹ Instead, the industry that attracted students' interest the most was "trading company," with one in three students choosing this category. ❺ Almost half that number of students selected "manufacturing industry," which was followed by "banking and insurance industry."

語句・文法

(グラフ)

• career：名「1. 職業　2. 経歴」ここでは1の意味　• choice：名「選択」

(放送文・Questions No.18〜21)　❶ • senior：形「1. 年上の　2. 上位の　3. 最上級の」ここでは3の意味　❶ • survey：名「調査」　❷ • following：形「以下の」　❸ • once：副「1.いちど　2.かつて」ここでは2の意味　❹ • **instead**：副「代わりに」　❹ • attract：動「引き付ける」　❹ • one in three：「3人に1人」（物にも使える）　❺ • A be followed by B：「AのあとにBが続く」

設問解説

18	正解：③	やや易	
19	正解：④	易	
20	正解：①	やや易	
21	正解：②	やや易	

「大学生の職業選択」（合計 100 人の大学生）
① 「製造業」
② 「銀行・保険業」
③ 「商社」
④ 「IT 産業」

まずは放送前にグラフの数字に 30 と 13 があるのに注目する。この 2 つは音が似ているので、アクセントの位置で判断する。13 のほうが後ろの teen にアクセントが来る。また、33 と 16 もほぼ倍数の関係にある。さらに各選択肢も心の中で一度読んでおくと聴き取りやすくなる。❶ ➡ ❷はイントロで調査の概要といったイメージでよい。❸で最初に「IT 産業」が出てきて、直後に the most popular と聞こえるので、これを 18 に入れたくなってしまうが、had once been がしっかりと聴き取れていれば「昔の順位」と分かり、そのあとの「30 人」に気づける。よって 19 には④が入る。**時制**には常に気をつけたい。次に❹の Instead から 18 が来そうだと構えると、the most が聞き取れ、③「商社」が入るとわかる。さらに後続の one in three ≒ 33 人（100 人中）でも確認ができる。次に気をつけたいのが❺の half that number「その数（の半分）」が直前の商社の 33 人を指している点だ。すると 16 人の 20 に①「製造業」が入り、さらに直後の was followed by から 21 には②「銀行・保険業」が入ると判断できる。

KW：16 / 33 / ➡ twice / half

日本語訳

❶ 100 人の大学生が将来の職業に関する調査に参加した。❷ 彼らは以下の 5 つの種類から 1 つだけ選ぶよう求められた：「製造業」「商社」「IT 産業」「銀行・保険業」そして「その他」。❸ かつて最も広く選ばれていた「IT 産業」は、今回の調査では 30 人の学生に選ばれた。❹ 代わりに、学生の関心を最も引き付けた産業は「商社」であり、3 人に 1 人の学生がこれを選んだ。❺ その数のほぼ半分の学生が「製造業」を選び、そのあとに「銀行・保険業」が続いた。

問 22〜25

放送文

❶ Today we are discounting some of our tours. ❷ The discount rate is based on the tours' departure date. ❸ The price of any tour paid 60 days prior to departure is discounted 50% for domestic and 30% for international. ❹ Those who purchase tours 30 days before departure will receive 20% off for domestic and 15% for international. ❺ But remember our special offer doesn't apply to any tours including a weekend, no matter when the tour's departure date is.

語句・文法

表

● discount rate：「値引き率」

放送文・Questions No.22〜25 ❷ ● **be based on**：「〜にもとづいている」 ❷ ● departure date：「出発日」 ❸ ● **prior to 〜**：「〜より前に・先に」 ❸ ● domestic：形「1. 家庭の　2. 飼い慣らされた　3. 国内の」ここでは 3 の意味。直後に tour が省略されている ❹ ● purchase：他「購入する」 ❹ ● receive：他「受け取る」 ❺ ● **apply to 〜**：「〜に適用する」 ❺ ● include：他「含む」 ❺ ● **no matter when 〜**：「いつ〜しようとも」

設問解説

22 正解：④ やや易　23 正解：⑤ 標準

24 正解：① やや易　25 正解：⑤ 標準

① 「15%」
② 「20%」
③ 「30%」
④ 「50%」
⑤ 「割引なし」

まず問題となる表から「目的地」と「日付」（出発日もしくは期間）によって値引き率が決まるのではと予測したい。すると❷の departure date が聴き取りやすくなり、また次に値引き率の説明が来ると構えることもできる。続く❸と❹から「ルール 1：出発 60 日前は国内 50%、海外 30% オフ」、「ルール 2：出発 30 日前は国内 20%、海外 15% オフ」という 2 つの値引きのルールを理解する。だが、❺の But remember でルールに追加があり、「ルール 3：週末を含むものには適用されない」という 3 つめのルールを理解する。これらのルールを当てはめていくと、まず週末を含む 23 と 25 は⑤となる。 22 は出発日が60日以上先なのでルール1が適用され、国内なので④となり、また 24 は出発日が30日以上60日未満であるためルール2が適用され、海外（ソウル）なので①となる。2つのルールを理解して満足せず、But remember を聴きすぐにルール3をイメージできたかがポイントとなる。

KW：目的地×日程（出発日 or 期間）

LP：❺の date is がくっつき、t が R 化して「デイリィズ」となっている

日本語訳

❶ 本日、一部のツアーを値下げします。❷ 値引き率はツアーの出発日にもとづいて決められます。❸ 出発の60日前に支払いがされたツアーの価格は、国内ツアーが50%、海外ツアーが30%値引きされます。❹ 出発の30日前にツアーを購入した人は、国内ツアーは20%、海外ツアーは15%の値引きを得られます。❺ しかし、覚えておいてほしいのは、この特別な値引きは、出発日がいつであっても週末を含むツアーには適用されないということです。

B メモを活用し、条件を満たすものを選ぶ問題　標準

イントロダクション

4人の友人からのアドバイスを聴き、条件を満たすキャンプ場を選ぶ問題です。音声を聴き取りながらメモを取る力が求められるのは当然ですが、即座に判断しにくい内容や言い換えにうまく対処して正解を判断しましょう。

問 26

放送文

イギリス英語

1. ❶ If you like mountains, you should visit *Camp Canyon*. ❷ The mountains there are mostly covered with snow and they're very beautiful. ❸ I recommend that you should visit this site before it gets popular. ❹ The temperature sometimes gets below freezing, though.

2. ❺ You'll like *Camp Resort*. ❻ It's located near a famous valley, so you can always enjoy its spectacular view. ❼ The site opened last year, but since the weather is mild throughout the year, it's already popular. ❽ So you need to book it fast.

3. ❾ I love *Dream Camp*. ❿ It's surrounded by high mountains and incredibly quiet. ⓫ Also, it rarely snows. ⓬ I've visited so many campsites, but this one is the best. ⓭ So, I don't understand why few people stay here.

4. ⓮ You should stay at *Camp Grand*. ⓯ This place is perfect for enjoying the beautiful sunset. ⓰ You don't need to make a reservation because the site is so large. ⓱ Since it is located along the coastline, it often gets windy and chilly. ⓲ So please be careful.

語句・文法

❹ • temperature：名「気温」 ❹ • below freezing：「氷点下の」 ❻ • S be located ＋場所：「Sは場所に位置する」 ❻ • valley：名「谷」 ❻ • spectacular：形「壮観な」
❻ • view：名「1. 視界　2. 見物　3. 眺め・景色　4. 考え」ここでは3の意味
❼ • **since S' + V' ～**：接「**1. S' が V' して以来　2. S' が V' なので**」ここでは2の意味 ❼ • mild：形「穏やかな」 ❼ • **throughout the year**：「一年を通して」

❿ • be surrounded by ～：「～に囲まれている」 ❿ • incredibly：副「信じられないほど」 ⓫ • rarely：副「めったに～ない」 ⓯ • sunset：名「夕日」
⓰ • make a reservation：「予約をする」 ⓱ • coastline：名「海岸線」 ⓱ • windy：形「風の強い」 ⓱ • chilly：形「冷え冷えする・肌寒い」

設問解説

26 **正解**：③ やや易

- ① Camp Canyon
- ② Camp Resort
- ③ Dream Camp
- ④ Camp Grand

まずは3つの条件（A. 自然の景色を楽しめる／B. 利用しやすい／C. 寒くない）を確認する。今回もやはり「メモ」が用意されているので、聴き取りながら各項目に○×をつけ、あいまいで即断できないものには△をつけておこう。

①はそのタイトル名や❶❷からAは○。Bも❸で「人気が出る前に」と言っていることから判断すると、まだ人気は出ていないようなので○と考えられる。ここは多少の思考力が求められる。Cは❹で「氷点下」とあるので×と判断できる。

②のAは❻からすぐに○と判断できる。Bは❼の「すでに人気」と❽の「すぐに予約をしないと」から予約は取りにくいと考えられるので×。Cは❼のmildが聴き取れれば○と判断できる。

③は❿からAが○だと容易に判断できる。また⓫のrarelyが聴き取れればCも○だと分かる。Bは最後の⓭でfew peopleが正確に聴き取れていれば「滞在者がほとんどいない」➡「利用しやすい」と考えて○となる。よって③が正解となる。

④は⓯で「美しい夕日を堪能できる」と言っているのでAは○。また⓰で「広いので予約をする必要がない」と言っているのでBも○となる。Cは⓱の最後のwindy and chillyが理解できれば×と考えられる。

日本語訳

1. ❶ もし山が好きでしたら、*Camp Canyon* を訪れるべきです。❷ そこにある山々は大部分が雪で覆われており、とても美しいです。❸ 人気が出る前にこのキャンプ場を訪れることをおすすめします。❹ けれども、気温が時々氷点下になります。

2. ❺ あなたは *Camp Resort* を気に入るでしょう。❻ このキャンプ場は有名な渓谷のそばにあるので、その壮観な景色を常に楽しめるでしょう。❼ ここは昨年オープンしましたが、天候が一年を通して穏やかなこともあり、すでに人気があります。❽ 従ってすぐに予約する必要があります。

3. ❾ 私は *Dream Camp* が大好きです。❿ このキャンプ場は高い山に囲まれ、信じられないほど静かです。⓫ また、めったに雪は降りません。⓬ これまでにとても多くのキャンプ場を訪れましたが、ここが一番です。⓭ 従ってなぜこのキャンプ場を訪れる人がほとんどいないのか私にはわかりません。

4. ⓮ *Camp Grand* に泊まってください。⓯ ここは美しい夕日を満喫するのに完璧です。⓰ このキャンプ場はとても広いので予約をする必要はありません。⓱ 海岸線に沿って位置しているので、風が強く冷えこむことが多いです。⓲ 従って気をつけてください。

第5問 長い講義を聴き、資料と照らし合わせて理解する総合的な判断力を問う問題 やや難

イントロダクション

ここでは、PISAについての講義を聴き取り、ワークシートを活用しながら細部と大意の両方を把握する問題を用意した。形式も第1回の共通テストに合わせて作成したため取り組みやすかっただろう。ただ、長めの文も一部含まれており、細部まで聴き取る力が備わっていないと苦戦することになるだろう。放送前のチェックを確実にこなし、大意と細部の両方がつかめるようメリハリのあるリスニングを心がけよう。

問27～33

放送文

Questions No.27～32

❶ Have you ever heard the word "PISA?" ❷ I'm not talking about the leaning tower in Italy. ❸ I'm talking about the international study conducted by the OECD to evaluate educational systems by measuring the academic performance in mathematics, science and reading of 15-year-old students. ❹ PISA stands for Programme for International Student Assessment. ❺ Since the beginning of this study, one country has attracted international attention for its unique educational methods: Finland. ❻ This Scandinavian country has been ranked high, especially in reading. ❼ Today, we'd like to look at some of the characteristics of its education.

❽ In Finland, education has been based on the concept of "free, equal education for all." ❾ Unlike the popular images of education, which is characterized by large classrooms, expensive fees, and cramming and memorizing facts for exams, students in Finland attend school free of charge and are encouraged to find problems and try to improve them through discussions in smaller groups. ❿ Probably the most surprising is the number of school days in a year. ⓫ Many people think that in order to achieve excellent scores in PISA tests, Finnish students must be studying competitively in school most of the year. ⓬ But the truth is quite the opposite. ⓭ The fewer school days might lead to Finnish students' satisfaction with school lives.

⑭ Currently, this education system is facing some problems. ⑮ One of them is the gender gap in reading. ⑯ While free, equal education is still at the center of its education system, Finnish girls score twice as high in reading as Finnish boys. ⑰ This has led to more women studying in college than men. ⑱ Of course, many factors are involved, but lack of homework and standardized examinations and too much dependence on students' independence could cause male students to be absorbed in other activities like online games. ⑲ It seems necessary that as the times change, so do education systems.

Question No.33

❶ This is a graph based on OECD data. ❷ It is said that Finland is the only country whose children lead a meaningful life while maintaining some of the best scores in reading proficiency tests. ❸ So, what can we learn from this?

語句・文法

ワークシート

• Programme for International Student Assessment：「生徒の学習到達度調査」
• academic：形「1.学問の　2.学校の」ここでは1の意味　• performance：名「1.実行・実績　2.上演・演奏・演技　3.性能」ここでは1の意味　• method：名「(組織立った) 方法」　• attention：名「1.注意・注目　2.世話」ここでは1の意味
• characteristic：名「特徴・特性」

放送文・Questions No.27〜32

❷ • leaning tower：「斜塔」ここでは「ピサの斜塔」を指している　❸ • conduct：他「1.行う　2.指揮する　3.案内する」ここでは1の意味　❸ • evaluate：他「評価する」　❸ • measure：他「測定する」　❹ • **stand for 〜**：「〜を表す」　❺ • unique：形「唯一の・独特な」　❽ • **be based on**：「〜にもとづいている」　❽ • concept：名「概念・考え」　❾ • unlike：前「〜と似ていない・異なって」　❾ • characterize：他「特徴づける」　❾ • fee：名「1.謝礼　2.料金　3.授業料」ここでは3の意味
❾ • cram：他「詰め込む」　❾ • memorize：他「記憶する」　❾ • attend：自「1.出席する・通う　2.世話をする　3.付き添う」ここでは1の意味　❾ • **free of charge**：「無料で」　❾ • **encourage O to V**：「OにVするよう促す」　❿ • school days：「授業日数」　⓫ • competitively：副「競争的に」　⓬ • quite the opposite：「正反対」　⓭ • **lead to 〜**：「〜へとつながる・続く」　⓮ • currently：副「現在」

⓮ • face：他「直面する」 ⓯ • **gender gap**：名「ジェンダーギャップ・男女格差」 ⓲ • factor：名「要因・要素」 ⓲ • **involved**：形「**1. 複雑な　2. 関係のある　3. 熱中した**」ここでは2の意味 ⓲ • **lack of ～**：「**～の欠如**」 ⓲ • standardized examination：「共通試験・統一テスト」 ⓲ • dependence：名「1. 依存　2. 信頼」ここでは1の意味 ⓲ • independence：名「独立」 ⓲ • **cause O to V**：「**OがVするのを引き起こす**」 ⓲ • **be absorbed in ～**：「**～に没頭する・夢中になる**」 ⓲ • activity：名「活動」 ⓳ • **as S'+V'～**：接「**1. S'がV'する時　2. S'がV'なので　3. S'がV'だけれども　4. S'がV'のままに・ように　5. S'がV'するにつれて**」ここでは5の意味 ⓳ • **so do S**：「**Sもまたそうである**」

放送文・Question No.33

❷ • **lead a ～ life**：「**～な暮らしを送る**」 ❷ • meaningful：形「有意義な」 ❷ • maintain：他「1. 維持する　2. 主張する」ここでは1の意味 ❷ • proficiency：名「熟達・堪能」

論旨の展開

放送文・Questions No.27 to 32

❶～❹：OECDが行う「生徒の学習到達度調査」の紹介
❺～❼：この調査により注目を集めたフィンランドとその教育
❽～❾：フィンランドの教育理念とその特徴
❿～⓭：最も驚くべき特徴：授業日数が少ない
⓮～⓯：フィンランドの教育が現在抱える問題：男女の格差
⓰～⓱：女子のほうがリーディングのスコアが高い ➡ 大学進学率に影響
⓲～⓳：男子のスコアが低い原因 ➡ 時代に合った教育の必要性

設問解説

問27

27　**正解**：① 標準

① 「(生徒の学力を) 測ることによって教育制度を評価し改善する」
② 「(生徒の学力を) 改善することによって各国が政策を評価するのを支援する」
③ 「(生徒の学力を) 比較することによって新たな教育制度を創造する」
④ 「(生徒の学力) に関して教育制度を評価する」

• evaluate：他「査定する・評価する」 • assess：他「評価する・査定する」
• policy：名「政策・方針」 • create：他「創造する」
• **with regard to ～**：「**～に関して**」

まずワークシートのPurposeから、この設問はPISAの「目的」が問われているのがわかる。すると❸の後半で「生徒の学力を測定することで教育制度を評価するため」とその目的が述べられている。よってこの内容に一番近い①が正解となる。放送前に選択肢の educational systems やワークシートの academic performance といったキーワードがチェックできていれば聴き取りやすかっただろう。また、本文の measuring が選択肢で同義語の assessing に言い換えられていたので気をつけたい。ちなみにワークシートでは purpose で「目的」を表していたが、音声では to evaluate ～とし、to V（不定詞）「V するために」によって「目的」を表している。これも一種の「言い換え」なので気をつけたい。

KW：purpose / academic performance / educational systems / policies ➡ 目的は？

問 28～31

28	正解：③	標準	29	正解：①	標準
30	正解：⑤	標準	31	正解：④	標準

① 「相互に作用する」
② 「創造的な」
③ 「機械的な」
④ 「わずかな」
⑤ 「多くの」
⑥ 「平均の」

● interactive：形「相互に作用する」　● mechanical：形「機械的な」

まずワークシートから、一般的な教育のイメージとフィンランドの教育を比較しているのがわかる。その比較項目のうち問われているのは「学習スタイル」と「授業日数」であるが、その他の2つについてもキーワードとなるのでチェックを怠ってはならない。「学習スタイル」の 28 と 29 には①、②、③のいずれかが入り、「授業日数」の 30 と 31 には④、⑤、⑥のいずれかが入ると推測する。すると❾の the popular images of education がキーワードとなり、そのあとの数ある特徴のうちの cramming and memorizing facts から「詰め込みの暗記学習」と理解できれば 28 の答えは③が選べる。では 29 はというと、直後の Finland や free がキーワードとなり、文末の through discussions が聴き取れれば正解は①だと判断できる。次に❿に入るとすぐに次のキーワードである the number of school days が聴こえてくる。そのまま 30 と 31 の答えを待ち構えていると⓫で Finnish students や most of the year が聞こえてくるので 31 に⑤を入れたくなるかもしれない。だが、この部分は「多くの人は～と考えるかもしれない」と一般論を語っている部分である。よって[30]に⑤を選ぶことになる。⓬の「実際は真逆である」からも一般論であったことに気づけるはずである。⓭で再度出てくるFinnishが遅れキーワードとなり、その直前で述べられていたThe fewer school daysが実際のフィンランドの教育ということになる。従って[31]には④が入る。しっかりとしたリスニング力があれば「一般論 ➡ 事実」という論理展開に気づけるが、内容が聞こえていないとキーワードに翻弄されてしまう可能性がある。

KW：popular image / Finnish education / class / style / school days / fee

問 32

[32] **正解**：③ やや難 思

① 「スマートフォンのゲームは、フィンランドの学生の能力の低下の主な原因です」
② 「男女間の平等に関して、フィンランドの教育は他の主要な国に大きく遅れている」
③ 「ある分野において、フィンランドの男子と女子の間には大きな差がある」
④ 「統一テストによると、男子生徒はオンラインゲームに夢中であることがわかった」

● major：形「主な」　● decline：名「1. 低下・衰え　2. 下落」ここでは1の意味　● **as for ～**：「～に関しては」　● gap：名「1. すき間　2. 相違・隔たり」ここでは2の意味　● **into ～**：前「～に夢中で」

①は非常に惜しいのだが、⓲の最後で述べられているのは「オンラインゲーム」であり「スマートフォン」については一切述べられていない。②は訳が細かく取れていれば外せたはずである。選択肢は「ジェンダーの平等について、フィンランドの教育が遅れている」と言っているのであり、本文の内容とはずいぶん異なる。ただ、ここも本文の内容がつかめていないとgenderという言葉につられて選んでしまう可能性はある。③は「ある分野でフィンランドの男女間に大きな差がある」となり、最終段落の趣旨と合致する。⓮で「問題」、⓯で「リーディングにおける男女差」、⓰で「女子のスコアは男子の倍」と徐々に内容が具体的になっているのに気づきたい。また③の選択肢の最後のsome categoryを「いくつかの分野」と訳さないように。後ろに可算名詞の単数形がくっついているときのsomeは「ある～」と訳すのを覚えておこう。最後の④のStandardized examinationsが出てくるのは⓲であるが、そこにはlack ofがついており、「統一テストがないことが、男子生徒が学習以外の活動に夢中になる一因」

と言っているのである。選択肢に出てくるさまざまな語句が、本文で何を表すために使われているのかというところまで理解できるよう、日々トレーニングを積んでいこう。

KW：ゲーム ➡ 学力低下、ジェンダー教育の遅れ、男女差、試験

問 33

33 正解：① やや難 思

> ① 「あまり競争的でない教育スタイルは、フィンランドの学生が学校生活を楽しむのに役立っているのかもしれない」
> ② 「学校での競争的な環境は、リーディングテストでの高いスコアにつながる」
> ③ 「フィンランドのリーディングスコアは、教育が競争的でないため、すぐに低下していくだろう」
> ④ 「アメリカでは、リーディングよりも数学により多くの時間をかけている」
>
> • competition：名「競争」

まずは *Competition-Score Balance*「競争とスコアのバランス」と題するグラフの特徴を素早くチェックしていこう。

- このグラフの最大の特徴は、フィンランドの競争度平均指数が他の2国よりもはるかにOECDの平均値に近いという点である。
- フィンランドのリーディングスコアは僅差で香港に次いでおり、アメリカよりも高い。

これらの点からフィンランドとアメリカの数値と矛盾する②は正解の候補から外れる。また、グラフや放送内容から得られない「数学」についての情報を含む④も候補から外れる。③の後半の「競争的ではない教育」という部分はフィンランドに当てはまるが、それが「今後、リーディングスコアが低下する原因となる」とはどこからも得られない情報である。逆に①の後半にある「学校生活を満喫する」というのは、追加の講義内での❷「有意義な生活」に該当し、また最初の講義の⓭とも合致している。やはりこの問題は、放送前にグラフから選択肢とキーワードを絞り込んでおくことで正解を選びやすくなる。

KW：競争的、学校生活、リーディングスコア、今後低下、リーディング＜数学

日本語訳

ワークシート

○生徒の学習到達度調査
・目的：生徒の学力を測ることによって教育制度を評価し改善する
・フィンランド：調査開始以来順位が高い
　理由　⇒　独自の教育方法
　　　　　　　　↓　2006年に世界の注目を集める
○フィンランドの教育の特徴

	一般的な教育のイメージ	フィンランドの教育
クラスサイズ	大きい	小さい
学習スタイル	機械的	対話型
授業日数	多い	少ない
授業料	高い	無料

問27～32

❶ あなたはこれまでにPISAという言葉を聞いたことがありますか？ ❷ イタリアにある斜塔のことを言っているのではありません。❸ 私が言っているのは、OECDが実施する、15歳の学生の数学、科学そしてリーディングの学力を測ることにより教育制度を評価することを目的とする国際的な調査のことです。❹ PISAは「生徒の学習到達度調査」を表します。❺ この調査が始まって以来、ある国が、その独自の教育方法により国際的な注目を集めてきました。それはフィンランドです。❻ このスカンジナビア半島の国は、とくにリーディングで高い順位を維持してきました。❼ 今日私たちはその教育の特徴の一部を見ていきたいと思います。
❽ フィンランドでは、教育は「すべての人に無料で平等の教育を」という概念にもとづいて行われてきました。❾ 大きな教室、高い授業料、そして試験のために知識を詰め込み記憶するといったことに特徴づけられる一般的な教育のイメージとは異なり、フィンランドの学生は学校に無料で通い、また問題を発見して、少人数のグループで議論を通して問題を改善することに努めるよう促されます。❿ 恐らく最も驚くべきは、年間の授業日数です。⓫ PISAのテストで素晴らしいスコアを取るために、フィンランドの学生は一年のほとんどを学校で競い合って勉強しているに違いないと多くの人は考えています。⓬ ですが、実際はその真逆です。⓭ 少ない授業日数により、フィンランドの学生は学校生活に満足しているのかもしれません。
⓮ 現在、この教育制度がいくらかの問題に直面しています。⓯ その1つがリーディングにおける男女差です。⓰ 自由で平等な教育は依然として教育制度の根幹にあるのですが、フィンランドの女子生徒は、リーディングにおいて男子生徒の倍のスコアを得ています。⓱ これにより、男性よりも多くの女性が大学に通うことになったのです。
⓲ もちろん多くの要因が関連しているのですが、宿題や統一テストの欠如、なおかつ生徒の自主性を当てにしすぎてしまうことで、男子生徒がオンラインゲームのような

他の活動に没頭してしまう可能性があるのです。⓳ どうやら時代の変化とともに教育制度も変わっていくことが必要なようです。

問33

❶ これは、OECD のデータをもとに作られたグラフである。❷ フィンランドは、リーディング能力テストで最も良いスコアを維持しながらも、子どもたちが有意義な生活を送っている唯一の国だと言われています。❸ では、このグラフから何がわかるでしょう？

第6問 異なる話し手の意見を聴き、その趣旨を把握する問題

A　2人の長めの対話から双方の趣旨を探る問題　難

イントロダクション

このセクションは、ひとり暮らしについての2人の意見を聴き、一方の趣旨と他方の内容について答える問題である。やはりここでも放送前に各選択肢にしっかりと目を通し、ひとり暮らしに関するどのような要因が会話に出てくるのかをイメージしておきたい。

問34・35

放送文

Dave: ❶ Hey, Miki! ❷ What's the matter?

Miki: ❸ Hi, Dave. ❹ I still can't decide where I should live next year. ❺ I'm not sure whether I should stay in the school dormitory or not.

Dave: ❻ Oh, you mean life in the dormitory is not comfortable?

Miki: ❼ Well, I've lived there for almost a year and seen both good and bad points.

Dave: ❽ Of course, you have. ❾ So, what's the biggest problem?

Miki: ❿ It's about strict rules, especially for time. ⓫ I still can't believe they close the main entrance at ten p.m.

Dave: ⓬ Wow, that's too early. ⓭ We are not kids any more. ⓮ Why don't you just leave the dorm and start living by yourself just like I do?

Miki: ⓯ You're right, Dave. ⓰ But the dormitory offers healthy meals, which saves me a lot of trouble and allows me to do other things like studying.

Dave: ⓱ Oh, that's really helpful.

Miki: ⓲ And ...

Dave: ⓳ And what?

Miki: ⓴ Well, I feel more secure in the dormitory than I would living by myself.

Dave: ㉑ I see your point. ㉒ Food and security are very important. ㉓ I get that. ㉔ But you can't live in the dormitory once you start

working, anyway.
Miki: ㉕ Exactly.
Dave: ㉖ Maybe it's time you learned how to cook meals and protect yourself.
Miki: ㉗ I don't think I'm ready for that yet.
Dave: ㉘ Oh, come on. ㉙ Yes, you are.

語句・文法

❷ • **What's the matter?**：「どうかしたの？」 ❺ • dormitory 名：「寮」 ⓫ • main entrance：「正面玄関」 ⓭ • **not ～ any more**：「もうこれ以上・もはや～ではない・しない」 ⓮ • **Why don't you ～?**：「～したらどうですか？」 ⓮ • dorm：dormitory の 略 語 ⓮ • **by oneself**：「1 人 で」 ⓮ • **just like S' + V' ～**：「まさに S' が V' するように」 ⓰ • offer：他「提供する」 ⓰ • **save 人 + 物**：「人から物を省く」 ⓰ • **allow O to V**：「O が V するのを許す・可能にする」 ⓴ • feel secure：「安心感を抱く」 ㉑ • **I see your point.**：「あなたの言いたいことがわかります」 ㉔ • **once S' + V'**：「ひとたび S' が V' すると」 ㉔ • anyway：副「いずれにしても・とにかく」 ㉖ • **it is time S' + V' 過去形**：「もう V' する頃・時間です」（仮定法） ㉙ • you are の後ろに ready for that が省略されている

設問解説

問 34

34 **正 解**：④ 標準

デイブの趣旨は何でしょうか？
① 「学校の寮は快適な環境を提供すべきである」
② 「大学生は食料と安全性に気をつけるべきである」
③ 「大学生はできるだけ早く仕事を始めるべきである」
④ 「大学生は自立すべきである」
• self-dependent：形「自立した」

学校の寮に住み続けるか、それとも寮を出てひとり暮らしを始めるかで迷っているミキに対し、デイブは⓮「ひとり暮らしを始めてみたら」と提案し、そのあと寮住まいのメリットについて理解を示しながらも㉔で「社会人になったら寮には住めない」と、さらに㉖で「料理や自分を守ることを学ぶ頃だ」と述べていることから判断すると④が正解となる。ここでは㉖の発言内容が選択肢の self-dependent に言い換えられているのに気づけるかがポイント。また㉔の start working につられて③を選ばないように。

KW：dormitory / food / security / working / self-dependent ➡ 寮、ひとり暮らし？

問 35

35　**正解**：① やや難 思

ミキは以下のどの意見に賛成するだろうか？
① 「大学生は食事を作るのに時間をかけるべきではない」
② 「若い女性は家族といっしょに暮らすほうがよい」
③ 「学校の寮はより厳しいルールを設ける必要がある」
④ 「ひとり暮らしをするよりも、寮に住むほうがはるかに安く済む」
● spend＋時間・お金＋Ving：「時間・お金をVするのに費やす」
● recommend：動「推奨する」　● strict：形「厳格な・厳しい」

まずは②から見ていこう。ミキは⑳で「ひとりで暮らすよりも寮のほうが安心である」と述べ、さらに㉗で「まだ準備ができていない」と述べているが、この会話からは家族と実家で暮らすことを想定しているとは考えにくい。次に③はというと、❿で「時間に関するルールが厳しい」という理由で寮を出るか迷っているので、これも該当しない。また④の費用に関しては2人の間でとくに述べられていない。よって正解は①となる。ミキの⓰の発言から、寮は食事を提供してくれて、それにより料理の手間が省けて勉強などに時間を割くことができるとわかる。すぐに①を選ぶのは難しいが、消去法を用いて最終的に言い換えに気づけるかがカギとなる。

KW：cooking / live with someone / stricter rules / cheaper ➡ 自炊、ひとり暮らし、厳格な規則、費用

日本語訳

デイブ：❶ やぁ、ミキ！　❷ どうしたの？
ミキ：　❸ ハーイ、デイブ。❹ 来年どこに住むべきか、まだ決められないの。❺ 学校の寮に住むべきかどうかがわからなくて。
デイブ：❻ あ、ということは寮での生活が快適ではないってこと？
ミキ：　❼ そうね、そこで1年近く暮らして、良い点と悪い点の両方がわかったわ。
デイブ：❽ もちろん、そうだね。❾ それなら、最も大きな問題は何なの？
ミキ：　❿ 厳しい規則よ、とくに時間の。⓫ 正面玄関が夜10時に閉まるなんて、いまだに信じられない。
デイブ：⓬ うわっ、それは早すぎるね。⓭ 僕たちはもう子どもじゃないんだから。⓮ 寮を出て、僕のようにひとり暮らしを始めてみたらどうだい？
ミキ：　⓯ そのとおりね、デイブ。⓰ でも、寮は健康に良い食事を提供してくれるから、そのおかげでかなり時間が省けるし、勉強のような他のことができるようになるの。
デイブ：⓱ へー、それは本当に助かるね。
ミキ：　⓲ それに……

デイブ：⑲ それに何かな？
ミキ：　⑳ えーと、ひとりで暮らすよりも寮のほうが安全だし。
デイブ：㉑ 言いたいことはわかるよ。㉒ 食事と安全は非常に重要だからね。㉓ 理解できる。㉔ でもいずれにしても、働き始めたら寮には住めないよ。
ミキ：　㉕ そのとおりだね。
デイブ：㉖ 恐らく、料理の仕方と自衛の術を身につける頃なんじゃないかな。
ミキ：　㉗ その準備ができてるとはまだ思えないよ。
デイブ：㉘ 何言ってるんだよ。㉙ もう準備はできてるさ。

B 共通のテーマに対する発言者それぞれの趣旨を把握する問題　標準

イントロダクション

このセクションは、将来住みたい場所について4人の意見を聴き取り、地方に暮らすことに賛成か反対かを判断し、さらに特定の個人の発言の趣旨と合うグラフを選ぶ問題である。放送が一度しかないため、正解へとつながる情報を聴き逃してしまうとどうしようもなくなる。これを防ぐためにメモをうまく活用し、放送後に細部まで思い出すことができるよう心がけたい。

問 36・37

放送文

イギリス英語

Haru: ❶ Where do you think you will live in the future, Masa?

Masa: ❷ I hate riding on a crowded train for hours, so I'll live in a big city.

Lisa: ❸ But what if you could find a job in a rural area?

David: ❹ That's right, Lisa. ❺ Also, life in the countryside is much more relaxing and peaceful.

Masa: ❻ I see your point, David. ❼ But you can't find a job easily in those areas, right?

Haru: ❽ Yeah, that's true. ❾ Many companies locate their headquarters in major cities like Tokyo.

Masa: ❿ Haru is right. ⓫ I've also heard that their salaries are above-average, too.

Lisa: ⓬ Don't worry about your salary or job hunting, Masa. ⓭ You can work and earn as much even in the countryside.

Masa: ⓮ What do you mean, Lisa? ⓯ How could that be possible?

Lisa: ⓰ Well, more and more companies are introducing remote work, allowing their employees to work from home.

David: ⓱ I recently heard that home sales in remote areas are rising dramatically.

Haru: ⓲ Really, David? ⓳ Does that mean some employees are moving away from urban areas?

David: ⓴ Exactly, Haru. ㉑ I like their idea of working from home while enjoying a slow life.

Lisa: ㉒ That's exactly what I would like to do!

Masa: ㉓ I agree. ㉔ I still prefer the exciting city life, though.
David: ㉕ Anyway, we all need to graduate first! ㉖ Hahaha.

語句・文法

❷ • hate Ving：「Vするのを嫌う」 ❷ • crowded：形「混みあった」 ❷ • for hours：「何時間も」 ❸ • **what if S'+V'?：「もしS'がV'したらどうなる？」** ❸ • rural area：名「田舎」 ❺ • peaceful：形「1. 平和な　2. 穏やかな」ここでは2の意味 ❾ • locate：動「1. 置く・構える　2. 位置を特定する」ここでは1の意味 ❾ • headquarters：名「本社・本部」 ⓫ • **above-average：形「平均を上回る」** ⓬ • job hunting：「就職活動・仕事探し」 ⓭ • earn：他「稼ぐ」 ⓰ • introduce：他「1. 紹介する　2. 導入する」ここでは2の意味 ⓰ • **allow O to V：「OがVするのを許す・可能にする」** ⓰ • employee：名「従業員」 ⓱ • dramatically：副「劇的に・急激に」 ⓳ • urban：形「都市の・都会の」

設問解説

問 36

36　正解：②　標準

リサとデイビッドについては選びやすかったであろう。デイビッドは㉑で、リサは㉒でそれぞれ地方で働きながら暮らすことに前向きな発言をしている。終盤であったため声の判断もしやすく、また記憶にも残りやすかったはずだ。ではマサはというと、序盤の❷で「混みあった通勤電車に長時間乗るのが嫌なので、大都市に住む」と述べていた。だがこのあとリモートワークにより、働きながら地方で暮らすことができると知る。すると徐々に興味を持ち、㉓で同意するのだが、直後の㉔で「それでも都会が好き」と述べている。よって紆余曲折あったものの、最終的には「都会派」であると判断できる。ハルに関しては、会話の中で都会と地方のどちらに住みたいかをはっきりとは述べておらず、対象外となる。従って正解は②となる。マサを外すことができたかどうかがポイントとなる。

問 37

37　正解：④　難　思

① 「人気の職種」
② 「都市部の地価」
③ 「企業の所在地」
④ 「犯罪遭遇率」

放送前に各グラフの内容をチェックし、各図表がだれの発言を反映したものかを把握しておく。まず①の「人気の職種」だが、これについてはだれも言及していなかった。次に③であるが、❾で「企業の本社が都心に多い」と述べていたのはハルなのでこれも外す。残る2つだが、②は細部まで聴き取れていないと判断しにくい。住宅の売り上げについてデイビッドは⓱で述べているのだが、これは都市部ではなく「地方」であった。「地方に移る人が増えている」という話の流れがわかっていれば、話題となっているのはグラフで描かれている「都市部の地価」ではなく、「地方の住宅」だと気づけたかもしれない。従って正解は④となる。該当箇所は❺のpeacefulである。この箇所を聴いたときに「田舎暮らし＝穏やか・平和」というイメージが持てれば、もしくはメモで残しておければ、消去法を経て正解にたどり着けたかもしれないが難易度は高い。

日本語訳

ハル：❶ 将来どこに住むと思う、マサ？
マサ：❷ 何時間も混みあった電車に乗るのは嫌だから、大都市に住むつもりだよ。
リサ：❸ でももし田舎で仕事を見つけることができたらどうする？
デイビッド：❹ そのとおりだよ、リサ。❺ さらに、田舎の生活ははるかにリラックスできて穏やかだ。
マサ：❻ わかるよ、デイビッド。❼ でもそういった場所で簡単に仕事を見つけることはできないよね？
ハル：❽ そのとおりよ。❾ 多くの企業は本社を東京のような大都市に置いているんだから。
マサ：❿ ハルの言うとおり。⓫ 給料も平均より高いって聞いたこともあるよ。
リサ：⓬ 給料や職探しのことは心配する必要ないわよ、マサ。⓭ 田舎にいたって働けるし、同じくらい稼ぐことができるんだから。
マサ：⓮ どういうこと、リサ？　⓯ そんなことがどうやったら可能になるの？
リサ：⓰ そうね、ますます多くの企業がリモートワークを導入していて、従業員が家で働くのを許可しているの。
デイビッド：⓱ 地方の住宅の売り上げが急激に上昇しているって最近聞いたよ。
ハル：⓲ デイビッド、ほんとなの？　⓳ それって、都市部から離れている従業員がいるってことなの？
デイビッド：⓴ そのとおりだよ、ハル。㉑ のんびりとした暮らしを楽しみながら家で働くっていう彼らの考え方、好きだな。
リサ：㉒ それってまさに私がしたいことよ！
マサ：㉓ 同感だよ。㉔ それでも刺激的な都市部の暮らしのほうが好きだけどね。
デイビッド：㉕ いずれにしても、僕らはみなまず卒業する必要があるけどね！　㉖ ハハハ。

予想問題・第2回

解　答
解　説

予想問題・第2回　解　答

問題番号（配点）	設問		解答番号	正解	配点
第1問（25）	A	1	1	3	4
		2	2	4	4
		3	3	3	4
		4	4	2	4
	B	5	5	1	3
		6	6	3	3
		7	7	4	3
第2問（16）	8		8	4	4
	9		9	3	4
	10		10	1	4
	11		11	1	4
第3問（18）	12		12	3	3
	13		13	1	3
	14		14	2	3
	15		15	4	3
	16		16	3	3
	17		17	3	3

問題番号（配点）	設問		解答番号	正解	配点
第4問（12）	A	18	18	1	4*
		19	19	4	
		20	20	3	
		21	21	2	
		22	22	4	1
		23	23	2	1
		24	24	1	1
		25	25	2	1
	B	26	26	2	4
第5問（15）	27		27	5	3
	28		28	2	1
	29		29	3	1
	30		30a	6	1*
			30b	4	
	31		31a	7	1*
			31b	5	
	32		32	4	4
	33		33	2	4
第6問（14）	A	34	34	1	3
		35	35	3	3
	B	36	36	2	4
		37	37	3	4

（注）＊は、全部正解の場合のみ点を与える。

第1問 短い内容を聴き取って理解する問題

A 短い文の適切な内容を選ぶ問題

やや易

イントロダクション

予想問題**第2回**では、試行調査問題に合わせ、Aは全体的に易しい問題で構成している。ここではなるべく全問正解して得点を稼いでおきたい。**問1**の saying や**問3**の instead of、**問4**の数字には、とくに気をつける必要がある。

問1

放送文

M: ❶ I've just received an email, saying the book I ordered was already sent.

語句・文法

❶ • receive：他「～を受け取る」 ❶ • saying「～と書いてある」：本や掲示物、標識などでよく使われる ❶ • the book (that) I ordered：関係代名詞が省略され、ひと続きで速く読まれている

設問解説

1 **正解**：③ やや易

① 「話し手は本を受け取った」
② 「話し手はすでに本を送った」
③ 「話し手はすぐに本を受け取るだろう」
④ 「話し手は本を注文するだろう」

放送文の saying 以降がメールの内容だと気づけば、「注文した本が発送されたことを通知するメールを受け取った」とわかるはず。

KW：received / book / has already sent / will order ➡ 注文した本を受け取る？

日本語訳

男性：❶ ちょうどメールを受け取って、そこに私が注文した本がもう発送されたと書いてあった。

問2

放 送 文

W: ❶ The present mom gave me was not what I wanted.

語句・文法

❶ • the present (that) mom gave me：関係代名詞が省略され、ひと続きで速く読まれている

❶ • what I wanted：「私がほしかったもの」関係代名詞の what の訳は「こと・もの」のいずれか

設問解説

2 正解：④ 易

① 「母は私に素晴らしいプレゼントをくれた」
② 「母は私にプレゼントをくれなかった」
③ 「私はそのプレゼントがほしかった」
④ 「私はそのプレゼントが気に入らない」

❶の訳を正確にとれば「母がくれたプレゼントはほしかったものではなかった」となり、消去法で選択肢の①〜③をはずせば④が正解となる。

KW：Mom / present / wanted / don't like ➡ プレゼントをもらった？　気に入った？

LP：The present mom gave me のように主語が長くなると、動詞の前にブレイクが入る ➡ S と V の識別の確認に役立つ

日本語訳

女性：❶ 母がくれたプレゼントは、私がほしかったものではなかった。

問3

放 送 文

イギリス英語

M: ❶ I've ordered grilled chicken instead of fried fish.

語句・文法

❶ • **instead of 〜**：「〜の代わりに」

設問解説

| 3 | 正解：③ | やや易 |

① 「話し手はフライドフィッシュを食べるだろう」
② 「話し手は刺し身を食べるだろう」
③ 「話し手は鶏肉を食べるだろう」
④ 「話し手は鶏肉と魚の両方を食べるだろう」
- raw fish：名「生の魚・刺し身」

A **instead of** B はリスニング試験の常連。「B の代わりに A」となるため、最後に聞こえる B ではなく、その前に聞こえる A が話題となる。聴き逃しは厳禁である。

KW：fried fish / raw fish / chicken / both ➡ 魚か鶏肉か、両方か？

日本語訳

男性：❶ 私はフライドフィッシュではなく、グリルドチキンを注文した。

問４

放送文

W: ❶ The price on the tag says ＄40, but all items are 50% off now.

語句・文法

❶ • tag：名「値札」 ❶ • item：名「品物」

設問解説

| 4 | 正解：② | やや易 |

① 「値段は 15 ドルである」
② 「値段は 20 ドルである」
③ 「値段は 40 ドルである」
④ 「値段は 50 ドルである」

最初に「40 ドル」と言うが、そのあと「今は 50% オフ」つまり半額だと言っている。数字、とくに **fifty** と **fifteen** などはかなり聴き取りにくいので、アクセントの位置に気をつけてしっかりと音を覚えよう。また**単位**にも気をつけておきたい。

KW：price / ＄15 / ＄50 ➡ 何かの価格。fifty と fifteen の聴き取りに注意

日本語訳

女性：❶ 値札には 40 ドルと書いてあるが、今全商品 50% オフである。

B　イラストの適切な説明を選ぶ問題

やや易

イントロダクション

時制と時を表す必修表現が音声として流れたときにしっかりと理解できるかを問う問題を用意してみた。ふだんリーディングでよく目にするこれらの表現を音声でも正確に理解できるかをしっかりと確認しておきたい。

※以下、①～④は、それぞれのイラストのイメージを表したものである。

問５

放送文

W: ❶ The train had already arrived at the station when the man got there.

語句・文法

❶ • get there：「そこにたどり着く」

設問解説

| 5 | 正解：① やや易

① 「駅のホームに男性が到着すると、電車のドアから人が降りている」
② 「駅のホームに男性が到着すると、電車がまさにホームに入ってくるところである」
③ 「駅のホームに男性が到着すると、ホームにはもう電車はいない」
④ 「駅のホームに男性が到着すると、まさに電車が発車するところである」

過去完了の had already arrived が聴き取れれば、男性が駅に着いたときよりも前に電車はもう到着していたことがわかる。このように**過去完了**は「**過去よりもさらに昔に起こった出来事**」を伝えるのに用いることを確認しておこう。

KW：train / arrive / leave / gone / doors ➡ 電車の状態

LP：got there は１語のように「ガッゼァー」となっている

日本語訳

女性：❶ 男性がたどり着いたときには、電車はすでに駅に到着していた。

問 6

放 送 文

M: ❶ The boy didn't start eating until everyone was seated.

語句・文法

❶ • **not ～ until ...**：「…まで～しない・…になって初めて～する」

❶ • be seated：「席に着いている」

設問解説

6 正 解：③ やや易

① 「少年が席に着いて食事をしているが、他の 3 席は空席である」
② 「少年と姉と母親が席に着いて食事をしていて、父親の席が空いている」
③ 「少年と姉と母親と父親が席に着いて食事をしている」
④ 「少年が席に着いているがまだ食べ始めておらず、姉・母親・父親は着席して食事をしている」

ここでは必修表現 not ～ until ... をリスニングで正確に理解できるかがポイント。「みんなが席に着くまで食べ始めなかった」と解釈できれば、正解を選ぶのは決して難しくはないだろう。

KW：eat / alone / father / together / not hungry ➡ だれと＋タイミング

日本語訳

男性：❶ 少年は、みんなが席に着くまで食べ始めなかった[少年はみんなが席に着いてから食べ始めた]。

問 7

放 送 文

W: ❶ Hardly had he started the engine before it began to rain.

語句・文法

❶ • **hardly ～ before ...**：「～するとすぐに…」

設問解説

7 正解：④ やや易

① 「男性が車に乗ろうとしていて、まだ雨は降っていない」
② 「男性が車に乗ろうとしていて、もう雨が降っている」
③ 「男性が車に乗ってエンジンをかけていて、まだ雨は降っていない」
④ 「男性が車に乗ってエンジンをかけていて、もう雨が降っている」

ここでは必修表現 hardly ～ before ... をリスニングで正確に理解できるかがポイント。正確に解釈できれば、①～③は不適切と判断できる。it の音が若干聴き取りにくいかもしれないが、rain が続くことから天候の it があるはずと判断できる。

KW：get on / rain / start / engine ➡ 雨のタイミング

日本語訳

女性：❶ 彼がエンジンをかけるとすぐに雨が降り始めた。

第2問 短い対話を聴き、適切なイラストを選ぶ問題 やや易

イントロダクション

この**第2問**のイラスト問題も難易度は低めなので、しっかり得点を稼ぎたい。放送開始前に各イラストをチェックし、どのような語句が出てくるのか予測ができれば、聴き取りは容易になるはずである。

問8

放送文

W: ❶ Hi, can I have two coffees?
M: ❷ For here or to go?
W: ❸ To go please, and I'll have one of those donuts as well.
M: ❹ Sure. ❺ I'll give you a wet tissue.

Question: ❻ Which picture shows what the woman ordered?

語句・文法

❷ • **to go**：「お持ち帰り・テイクアウト」
❸ • **as well**：「そのうえ・さらに」
❹ • **sure**：副「（返答で）いいとも・もちろん」

設問解説

8 **正解**：④ やや易

まず❸より、コーヒーが持ち帰りだとわかれば、マグカップではなく紙カップだと判断できる。また❸の後半の one of を聴き逃してしまうと、those donuts という複数形の表現につられてドーナツ2つと勘違いしてしまう可能性がある。

KW：cup / donut / paper / one / two ➡ ドーナツの数とカップの形状

日本語訳

女性：❶ こんにちは、コーヒーを2ついただけるかしら？
男性：❷ 店内ですか、それともお持ち帰りですか？
女性：❸ 持ち帰りでお願い、あとそのドーナツも1ついただくわ。
男性：❹ 承知しました。❺ お手拭きもつけておきますね。

Question：
❻ この女性が注文したものを示しているのはどのイラストか？

問９

放送文

W: ❶ Let's go to the new shopping mall this weekend.
M: ❷ Good idea. ❸ I heard it's got three floors.
W: ❹ Yeah. ❺ Two floors are for shopping.
M: ❻ Then, there is parking on the top.

Question: ❼ Which mall are they talking about?

語句・文法

❻ • **then**：副「**1. そのとき　2. それから　3. それなら**」ここでは３の意味

設問解説

9　正解：③　やや易

❸〜❻の発言内容を整理すると、「3 フロアあり、2 フロアはショッピング用で、最上階が駐車場」と判断できる。イラストを見ながらそこにメモを書き込むことで、数字に惑わされることなく正確に解釈したい。

KW：floor / parking / bottom / top ➡ フロア構成

日本語訳

女性：❶ 今週末、新しいショッピングモールに行こうよ。
男性：❷ いいね。❸ 3 フロアあるって聞いたよ。
女性：❹ そうよ。❺ 2 フロアがショッピング用ですって。
男性：❻ となると、最上階に駐車場があるんだね。

Question：
❼ 2 人はどのモールについて話しているか？

問 10

放送文

W: ❶ This cute small plant must be the one that you bought online.
M: ❷ No. ❸ I got it at the garden shop near the station.
W: ❹ Then, how about this?
M: ❺ That's it. ❻ They can deliver a tall plant like this.

Question: ❼ Which plant did the man buy online?

語句・文法

❹ • **How about ～ ?：「～はどうですか」**
❺ • **That's it.：「1. そのとおりです　2. それでおしまいです」**ここでは 1 の意味
❻ • deliver：他「～を配達する」

設問解説

10　正解：①　やや易

❶で this cute small plant が出てくるが、これは❸で駅の近くの園芸店で購入したとのことなので引っかからないように注意。❻で「このような背の高い植物」と発言しているので、ここから正解が選べる。放送前に tall や high が予測できていれば正解できるはず。

KW：plant / tall / high / table ➡ 位置と高さ
LP：tall は「トール」に近い

日本語訳

女性：❶ このかわいらしい小形の植物が、あなたがネットで購入したものに違いないね。
男性：❷ 違うよ。❸ 駅の近くの園芸店でそれを購入したんだ。
女性：❹ それなら、これはどう？
男性：❺ それだよ。❻ これみたいに背の高い植物を配送してくれるんだ。

Question：
❼ 男性がネットで購入したのはどの植物か？

問 11

放送文

〈イギリス英語

M: ❶ Hey, look at this flower. ❷ The leaves are so unique.
W: ❸ Yeah. ❹ I've never seen a heart-shaped leaf like this.
M: ❺ And they've got some holes in them.
W: ❻ Right. ❼ I wonder why.

Question: ❽ Which leaf are they talking about?

語句・文法

❷ • unique：形「唯一の・独特の」
❹ • heart-shaped：形「ハートの形をした」ハイフン(-)で単語をつないで形容詞の働きをする
❼ • **I wonder why.**：「なぜだろう」

設問解説

11 正解：① 易

イラストから、葉の形が問われているのがすぐにわかる。❹の heart-shaped、さらに❺の（some）holes が複数形になっているのが聴き取れれば正解が①に絞れる。イラストにするとわかりやすいが、このように**複数形の -s** の有無は非常に重要なので、ふだんから意識して聴き取るようにしよう。

KW：leaf / hole(s) / shape / heart / round ➡ 形と穴の数

日本語訳

男性：❶ ちょっと、この花を見てよ。❷ 葉がとっても独特だよ。
女性：❸ 本当だ。❹ こんなハート形の葉は見たことないわ。
男性：❺ それに複数の穴が空いているよ。
女性：❻ そうね。❼ なぜかしら。

Question：
❽ 2 人はどの葉について話しているのか？

第3問 やや長めの対話を聴き、適切な内容を選ぶ問題 標準

イントロダクション

ここでは、ある程度慣れていないと聴き取りにくい表現が含まれる、会話のやり取りとその内容から意図を推測する問題を取り上げる。放送前に設問と選択肢をチェックし、どのような内容なのかを類推して、必要な情報をあらかじめ絞り込んでおこう。

問12

放送文

W: ❶ There are some old buildings on campus.
M: ❷ Right. ❸ They have been here for more than a century.
W: ❹ I see, and the campus is more spacious than I expected.
M: ❺ Actually, you haven't even seen half of it yet.

語句・文法

❸ • century：名「世紀・100年」
❹ • spacious：形「広々とした」

設問解説

12 正解：③ やや易 思

男性はキャンパスについて、何と言っているか？
① 「キャンパスは実際それほど広くはない」
② 「キャンパスは平均的なサイズの半分である」
③ 「キャンパスはかなり広い」
④ 「キャンパスはもっとスペースが必要である」

❹で女性が、思っていた以上にキャンパスは広いと言うが、❺で男性が「まだ半分も見ていない」と述べている。ここからこのキャンパスは「相当広い」と判断できる。

KW：not so large / half / average size / more space ➡ キャンパスの広さ？
LP：❺の half of it はつながりを意識して繰り返し聴いておこう

日本語訳

女性：❶ キャンパスには古い建物がいくつかありますね。
男性：❷ そのとおり。❸ もう 100 年以上もここにあるんですよ。
女性：❹ そうなんですね、キャンパスは思っていたよりも広いですね。
男性：❺ 実際のところ、あなたはまだ半分も見ていませんよ。

問 13

放送文

M: ❶ I'm going to ask Matt to help me install this new software.
W: ❷ He said he would have to work part-time tonight.
M: ❸ Then I have to find someone else.
W: ❹ You know what, I think I can handle it.

語句・文法

❶ • **help O (to) V**：「**O が V するのを助ける［手伝う］**」to は省略されやすい
❹ • you know what：「1. あのね　2. 知ってる？」ここでは 1 の意味
❹ • handle：㊀「～に対処する」

設問解説

13　**正解**：① 標準

女性は何を言おうとしているのか？
① 「彼女はそのソフトのインストール方法を知っている」
② 「彼女はマットの同僚を知っている」
③ 「彼女は彼がそのソフトのインストールができる人を探すのを手伝う」
④ 「彼女は彼を助けてあげることができる人をだれも知らない」

男性は、❶でマットにソフトのインストールを手伝ってもらおうとしているが、❷でマットは今夜バイトで、手伝ってくれそうにないとわかる。❹の I can handle it「私が対応［処理］できる」は会話ではよく用いられる表現なので、これを聴き取れれば正解を選べる。

KW：install the software / works with Matt / find someone ➡ ソフトをインストールできる人を探している？

日本語訳

男性：❶ この新しいソフトをインストールするのを手伝ってくれるよう、マットに頼もうかと思って。
女性：❷ 彼なら今夜はバイトで働かないといけないと言っていたわよ。

男性：❸ それならだれか他の人を探さないといけないな。
女性：❹ あのう、私ができると思うのだけど。

問 14

放送文

W: ❶ You said you would have a job interview last week.
M: ❷ Yes, I did. ❸ And I went to see the employer.
W: ❹ How did that go? ❺ Were you hired?
M: ❻ It looks like I'm out of luck.

語句・文法

❶ • interview：名「面接」 ❸ • employer：名「雇用主」
❹ • **How did it[that] go?**：「それはどうでしたか？」 ❺ • hire：他「～を雇う」
❻ • **it looks like + S' + V' ～**：「**S' は V'** のようだ」 ❻ • out of luck：「運がなかった」

設問解説

14 正解：② やや易

男性は何を言おうとしているか？
① 「面接はうまくいった」
② 「面接はうまくいかなかった」
③ 「男性は面接に間に合わなかった」
④ 「男性は再び雇用主に会わなくてはならない」

❶ ➡ ❸の発言から、男性が面接を受けたことがわかる。そのあと❹・❺の問いに対し、❻で「運がなかった」と答えているので、面接はうまくいかなかったと判断できる。

KW：went well / didn't go well / missed / again ➡ 面接はどうだったか？ もう一度？

LP：I'm out of luck は amount of luck と聞こえてしまう可能性がある

日本語訳

女性：❶ 面接があるって、先週言っていたよね。
男性：❷ 言ったよ。❸ それで、雇用者に会いに行ってきたよ。
女性：❹ どうだったの？ ❺ 採用されたの？
男性：❻ どうやら運がなかったみたいだ。

問 15

放送文

W: ❶ Could you get your new train pass?
M: ❷ No, I couldn't.
W: ❸ Why? ❹ What happened?
M: ❺ When I got to the ticket booth, the line was so long that I gave up.
W: ❻ See, I told you.

語句・文法

❶ • train pass：「定期券」
❻ • **See, I told you.**：「ほら、言ったでしょ」 you の後ろに so や that が続くこともある

設問解説

15　正解：④　標準　思

会話からどのようなことが推測できるか？
①「彼は十分なお金を持ち合わせていなかった」
②「券売所は閉まっていた」
③「彼は定期券を購入できた」
④「母親は、彼が券売所に早く行くよう提案していた」

❶と❷から、息子は定期券を買いに行ったが購入できなかったことがわかる。さらに❺から、券売所の列が長くてあきらめたことがわかる。それを受けて母親が❻「ほら、言ったでしょ」と言ったという流れがわかれば、母親は混むことを予想しており、早く券売所に行くよう指示していたのではないかと推測できる。仮に❻の表現を知らないとしても、I told you から推測することは可能だ。

KW：money / ticket booth / closed / buy / train pass / early ➡ 定期券を買えたのか？

LP：❶の Could you はくっついて「クジュー」となる。このように you や your は、直前の子音とつながりやすい

日本語訳

女性：❶ 新しい定期券を買えたの？
男性：❷ 買えなかったよ。
女性：❸ なぜ？　❹ どうしたの？
男性：❺ 券売所に着いたときは列がとても長かったから、あきらめたよ。
女性：❻ ほら、言ったとおりでしょ。

問 16

放送文

イギリス英語

W: ❶ Hey. ❷ Can you pick me up in front of the station at 10 a.m. tomorrow?

M: ❸ Pick you up? ❹ What are you talking about?

W: ❺ You promised that you would take me to the shopping mall.

M: ❻ Oh, I remember. ❼ But I can't take you to the mall.

W: ❽ Why not?

M: ❾ My car is under repair now, so we'll have to get there by taxi.

語句・文法

❷ • **pick up 人：「人を車で迎えに行く・車に乗せる」人が「代名詞」の場合は pick 人 up の語順になる**

❷ • **in front of ～：「～の前で・の」**

❽ • **Why not?：「1. なぜだめなの　2.～したらどうですか　3. そうしよう」**ここでは 1 の意味

❾ • **under repair：「修理中」**

設問解説

16　**正解**：③　易

男性は明日恐らく何をするでしょうか？

① 「女性といっしょにショッピングモールへ車で行く」

② 「車を受け取って、そのあと女性とともにショッピングモールに車で行く」

③ 「女性といっしょにタクシーでショッピングモールに行く」

④ 「駅に女性を車で迎えに行く」

❶ ➡ ❻の展開から「男性が女性を車でショッピングモールに連れて行くと約束していたのを忘れていた」ことがわかる。すると❼で「連れて行けない」と断っているのに気づく。さらに❾で「車が修理中」だとわかり、「タクシーで行かないと」と述べている。よって正解は③となる。「タクシー」は taxi、cab のどちらもよく使われるので覚えておこう。

KW：drive / mall / pick up / taxi / station ➡ 車で迎えに行くのか、何でモールに行くのか？

LP：❷❸❼の you はいずれも直前の子音とくっついて音が変化している

日本語訳

女性：❶ ねえ。❷ 明日午前 10 時に駅前に私のこと迎えに来てくれないかな？
男性：❸ 車で迎えに？　❹ 何のこと言ってるんだい？
女性：❺ 私のことをショッピングモールに連れて行ってくれるって約束したでしょ。
男性：❻ あ、思い出した。❼ でもモールには連れて行けないんだよ。
女性：❽ なんでダメなの？
男性：❾ 車は今修理中なんだ、だからタクシーで行かないとだよ。

問 17

放送文

M: ❶ Did you talk to the teacher about our presentation topic?
W: ❷ Yes. ❸ I explained everything to her.
M: ❹ OK. ❺ What was her reaction? ❻Did she seem interested in our topic?
W: ❼ Actually, she was far from being satisfied with it.

語句・文法

❶ • presentation：名「プレゼンテーション（プレゼン）・発表」 ❸ • explain：他「説明する」 ❺ • reaction：名「反応」 ❼ • **far from ～**：「～からほど遠い ➡ 決して～ではない」 ❼ • **be satisfied with ～**：「～に満足している」

設問解説

17 正解：③ やや易

彼らはこのあと恐らく何をするでしょうか？
① 「自分たちのプレゼンテーションに満足するだろう」
② 「プレゼンテーションの準備を始めるだろう」
③ 「トピックを変更することについて考えるだろう」
④ 「席について彼女のプレゼンテーションを聴くだろう」

❶ ➡ ❻の展開から「男性が女性に、彼らが選んだプレゼンテーションのトピックについて先生がどう感じたのか尋ねている」のがわかる。すると❼で「決して満足していない」と述べているので、①、②、④を外し、「先生が納得するようなトピックに変える」と考えて正解は③と判断する。ここでは重要表現である far from を正確に聴き取り、解釈できるかがポイントとなる。

KW：satisfied / presentation / preparing / changing / listen ➡ 満足、プレゼンテーション、準備、変更、聴く？

LP：❼の it は with とくっついて「ウィズイットゥ」となっている

日本語訳

男性：❶ 僕らのプレゼンテーションのトピックについて先生に話した？

女性：❷ うん。❸ 彼女にすべてを説明したよ。

男性：❹ わかった。❺ 彼女の反応はどうだった？　❻ トピックに関心がありそうな感じだった？

女性：❼ じつは、彼女はトピックに全然満足してなかったよ。

第4問 やや長めの話から、必要な情報を聴き取る問題

A 聴き取った情報を図や表にあてはめる問題　標準

イントロダクション

　このAは図の説明を聴いて該当する国や地域を選ぶ問題と、企業を特徴に応じて分類する問題である。図の説明時に頻繁に登場する付帯状況の with や former / latter などに惑わされることなく、正確に情報を聴き取ることができるか、また分類の仕組みを正確に把握することができるか、ぜひ確認しておこう。

問 18～21

放送文

❶ The result of the survey of the number of tourists coming to Japan in February 2019 was recently released. ❷ According to the data, two geographically close countries, Korea and China, are the top two, with the latter a bit higher than the former, reflecting the country's largest population in the world. ❸ Next comes Taiwan, with about 400,000 tourists choosing Japan for their travel destination, followed by another Asian country, Hong Kong, with a gap of about 220,000 travelers. ❹ Since the grand total increases by 3.8% from the same month last year, we can say that Japan is becoming more attractive as a tourist destination.

語句・文法

（グラフ）

● visitor：名「訪問者；観光客」　● arrival：名「到着」

（放送文・Questions No.18～21）

❶ ● survey：名「調査」　❶ ● release：他「～を解放する・～を公表する」
❷ ● **according to ～**：「～によると・～に応じて[従って]」　❷ ● geographically：副「地理的に」　❷ ● 付帯状況の with：〈with＋名詞＋補語〉の形で「名詞を[が]～しながら[して]」　❷ ● latter：名「後者」直前に出てきた2つの名詞の、あとに述べられたものを指す。ここでは China　❷ ● former：名「前者」先に述べられたものを指す。ここでは Korea　❷ ● reflect：他「～を反映する・～を反射する」
❸ ● destination：名「目的地」　❸ ● A followed by B：「A のあとに B が続いて」
❹ ● by ～：前「～ぶん」通称「差の by」　❹ ● attractive：形「魅力的な」

設問解説

18	正解：①	標準	19	正解：④	標準
20	正解：③	やや易	21	正解：②	やや易

「2019年2月の訪日観光客数」
① 中国
② 香港
③ 台湾
④ 韓国

まずは❷で、上位2カ国が韓国と中国であることを確認する。さらにそのあとの付帯状況の with と former / latter の部分が正確に解釈できれば「前者（韓国）よりも後者（中国）のほうが少し多いという状況」となり、18 と 19 の判断ができる。次に❸の Next comes Taiwan と、そのあとの followed by ～ Hong Kong から、20 と 21 のそれぞれが判断できるはずだ。図の説明では、今回出てきた付帯状況の with、former、latter、next comes、followed by は非常によく用いられるので、音とともに訳し方もしっかりとマスターしておこう。音声はややゆっくりめにはっきりと発音されているので、非常に聴き取りやすい。

KW：700,000 / 400,000 / 220,000 ➡ 18 と 19 が僅差

LP：❹の that Japan のように that 節の that は後ろの語とくっついて読まれることがある

日本語訳

❶ 2019年2月の訪日観光客数の調査結果が最近発表された。❷ そのデータによると、地理的に近い2カ国、すなわち韓国と中国が上位2位を占め、後者のほうが前者よりも少し訪問者数が多くなっており、同国の世界一の人口を反映している。❸ 次に多いのは台湾で、約40万人の観光客が、その目的地に日本を選んでいる。これに次ぐのがもう一つのアジアの地域、香港であり、その差は22万人となっている。❹ 観光客の総数は前年の同月から3.8% 上昇しており、日本が観光地としてより魅力的になっていると言えそうだ。

問 22〜25

放送文

❶ We need to classify companies listed here into four different groups based on their size and location. ❷ Those companies that have ten or more offices in foreign countries will be categorized into either group A or group B and those with fewer than ten will be into either group C or group D. ❸ Companies whose headquarters are located in the eastern part of Japan will be categorized into either group B or group C and those whose headquarters are located in the western part will be categorized into either group A or group D.

語句・文法

(表)

• headquarters：名「本社」 • overseas：形「海外の」

(放送文・Questions No.22〜25)

❶ • classify：他「〜を分類する」 ❶ • **based on 〜**：「〜にもとづいて」
❶ • location：名「位置」 ❷ • categorize：他「〜を分類する」

設問解説

22 正解：④ やや易　23 正解：② やや易
24 正解：① やや易　25 正解：② やや易

① グループA
② グループB
③ グループC
④ グループD

まずは表から「本社の位置」「海外の支社数」の２点が問われることを確認しておこう。❷より、「海外の支社数が 10 以上」だとグループAかグループBに、「海外の支社数が 10 未満」だとグループCかグループDに分類されるので、23・24・25はそれぞれグループAかグループBで、22はグループCかグループDとわかる。さらに❸より「本社が東日本」の場合はグループBかグループC、「本社が西日本」の場合はグループAかグループDに分類されるとわかれば、それぞれ正解を絞り込める。

KW：海外支社数 10 か 12 あたりが境目？　本社が東日本か西日本？

日本語訳

❶ 私たちはここに載っている企業を、その規模と位置にもとづいて4つのグループに分類する必要がある。❷ 海外に10以上の支社を持つ企業はグループAかグループBのどちらかに、支社数が10未満の企業はグループCかグループDのどちらかに分類される。❸ 本社が東日本にある企業はグループBかグループCに、また本社が西日本にある企業はグループAかグループDのどちらかに分類される。

B　メモを活用し、条件を満たすものを選ぶ問題　標準

イントロダクション

Bは4人の学校紹介を聴きながら条件を満たす学校を選ぶ問題である。メモを有効活用しながら、正確に聴き取りをすることができるかがポイントとなる。比較的わかりやすい表現が使用されているので、ぜひとも全問正解を目指してほしい。

問 26

放送文

〈イギリス英語

1. ❶ I recommend *International Language School.* ❷ This school is located in a quiet and safe part of the city and just a five-minute walk from the nearest subway station. ❸ Students are mostly from Asian countries, though.

2. ❹ You should study at *Ace Language Academy.* ❺ You can improve your English skills in a peaceful environment right in the heart of the city. ❻ The school offers many outdoor activities. ❼ Thanks to them, now I have friends in all continents.

3. ❽ *ICT Language Center* is the best choice. ❾ The school stands in a quiet suburban area, so it takes you a bit longer to get there, but you'll get used to it. ❿ You can meet people from various countries through school activities.

4. ⓫ I went to *Tom's English Academy.* ⓬ The school is on the second floor of a downtown building, but the neighborhood is not always safe. ⓭ It is not so big, but the teachers are friendly and I saw students from all over the world.

語句・文法

❶ • recommend：他「～を推奨する・～を勧める」
❸ • mostly：「たいていは・大部分は」　❸ • **though**：副「（文中・文末で）でも・けれど」　❺ • peaceful：形「平和な・穏やかな」　❺ • right：副「ちょうど・すぐ」
❺ • in the heart of ～：「～の中心に」　❻ • offer：他「～を提供する」
❼ • **thanks to ～**：「～のおかげで」　❼ • continent：名「大陸」
❾ • suburban：形「郊外の」　❾ • **take＋人＋時間**：「〔人〕に〔時間〕がかかる」

❾ • **get used to 名詞[Ving]**：「～に慣れる」
❿ • various：形「さまざまな」 ⓬ • **not always**：「いつも～という訳ではない」
⓭ • from all over the world：「世界じゅう・世界各地から」

設問解説

26 **正解**：② 標準

① International Language School
② Ace Language Academy
③ ICT Language Center
④ Tom's English Academy

まずは3つの条件（A. 環境／B. アクセス／C. ステューデント）を確認し、さらにメモが用意されているので、聴き取りながらそこに○×をつけていこう。

①は❷の「静かで安全な地域」と「最寄り駅から徒歩5分」より、AとBは○なのだが、Cは❸の「学生はほとんどアジア出身」から判断すると×となる。

②は❺で「穏やかな環境」と「市の中心部」とあるので、AとBは○。さらに❼で「すべての大陸に友人がいる」ことから、この学校には世界各地から学生が集まっていると判断できるのでCも○となる。

③は❾の「静かな郊外の環境」からAは○となるが、そのあとの「少し時間がかかる」とあるので、Bは△か×と判断できる。❿で「さまざまな国の人に会うことができる」と言っているので、Cは○と判断できそうだ。

④は⓬で「中心街のビルの2階」と言っているのでBは○と判断できるが、直後で「近隣は必ずしも安全というわけではない」ことからAは○とは言えない。Cは⓭の「世界各地の学生に会った」から○となる。

したがって②が正解になる。

KW：safe / peaceful / from all over the world / danger / stay
LP：❾の you'll は「ユル」に近い

日本語訳

1． ❶ 私は *International Language School* をおすすめします。❷ この学校は、市の閑静で安全な地域に位置し、最寄りの地下鉄駅から徒歩でたった5分のところにあります。❸ けれども、学生はほとんどがアジア出身です。

2． ❹ *Ace Language Academy* で学習するのがいいですよ。❺ 市のまさに中心部の穏やかな環境で、英語力を磨くことができます。❻ この学校は多くの野外活動を提供してくれます。❼ そのおかげで、私は今ではすべての大陸に友達がいます。

3． ❽ *ICT Language Center* が最良の選択です。❾ この学校は静かな郊外にあるので登校するのに少し時間がかかりますが、慣れるでしょう。❿ 学校での活動を通じて、さまざまな国の人と会うことができるでしょう。

4． ⓫ 私は *Tom's English Aca*demy に通いました。⓬ この学校は中心街のビルの2階にありますが、近隣地域はいつも安全という訳ではありません。⓭ 学校はあまり大きくはありませんが、先生は親しみやすく、また世界各地の学生に会いました。

第5問 長い講義を聴き、資料と照らし合わせて理解する総合的な判断力を問う問題 難

イントロダクション

第5問は、アニマルセラピーとその代替療法についての講義を聴き取り、ワークシートを活用しながら細部と大意の両方を把握する総合力を問う問題である。問28〜31はキーワードを待ちかまえるだけではなく、しっかりと内容を聴き取り理解しないと、正解を選ぶのは難しい。1回の聴き取りで、内容をある程度把握できるかどうかがカギとなる。

問27〜33

放送文

(Questions No.27〜32)

❶ Have you ever thought about keeping pets? ❷ According to statistics, the number of registered pet dogs had been increasing steadily until it reached its peak of 6.8 million in 2010, but since then it has slightly declined to 6.3 million in 2018, whereas the number of pet cats has been steadily increasing.

❸ As you might already know, exposure to real animals helps people to feel comfortable, relaxed and healthy. ❹ This leads to animal-assisted therapy. ❺ However, recent studies show that robotic animals have similar effects. ❻ The research found that both real and robotic animals improved socially interactive behavior in people who had difficulty communicating with others. ❼ This means robotic animals could be very valuable in places to which real animals can't have access, such as hospitals, because they might become sources of risks like allergy or scratching. ❽ Another negative effect that real animals have is pet loss. ❾ Owners who lost their pets usually suffer mentally but this happens in the case of robotic animals as they break down and can't be fixed.

❿ Researchers found that when they brought both types of animals to a nursing home and asked old people there to spend time together with those animals, there was not a significant difference between the time they spent with real animals and the time they spent with robotic animals. ⓫ However, this might have been caused by the fact that these people had never seen or touched robotic animals before, and therefore they were more interested in robotic animals and how those machines could interact with them. ⓬ Once people get used to robots, their reaction would possibly change.

Question No.33

❶ Now let's consider how the distribution of animal therapy will change in the future. ❷ Look at this chart comparing the distribution of 2020 and that of 2030. ❸ Although robots and stuffed animals are not actually animals, they are included in this chart.

語句・文法

ワークシート

• steadily：副「着々と・絶えず」 • effect：名「効果・影響」 • positive：形「肯定的な・前向きの」 • negative：形「否定的な」

問27〜32

❷ • registered：形「登録された」 ❷ • peak：名「最高点・頂点」 ❷ • slightly：副「わずかに」 ❷ • decline：自「1. 低下する 2. 断る」ここでは1の意味

❷ • whereas 〜：接「〜だが一方」

❸ • **as you might already know = as you know：「ご存知のように」**

❸ • exposure：名「さらされること・接すること」

❹ • lead to 〜：「1. 〜へとつながる 2. 〜を引き起こす」ここでは1の意味

❹ • animal-assisted therapy：「動物介在療法・アニマルセラピー」

❺ • recent：形「最近の」 ❺ • similar：形「よく似た」

❻ • interactive：形「相互に影響し合う」

❻ • **have difficulty Ving：「Vするのに苦労する」**

❼ • valuable：形「貴重な・高価な」 ❼ • source：名「源・原因・出所」

❼ • allergy：名「アレルギー」 ❼ • scratching：名「引っかくこと」 ❾ • suffer：自「苦しむ」 ❾ • **in the case of 〜：「〜の場合に」** ❾ • break down：「故障する」

❿ • nursing home：「老人ホーム」 ❿ • significant：形「重要な・意味のある」

⓫ • cause：他「〜を引き起こす」 ⓫ • the fact that＋S'＋V' 〜：「〜という事実」このthatは**同格** ⓫ • interact：自「相互に作用する・影響し合う」 ⓬ • **once＋S＋V 〜：「ひとたびSがVすると」**このonceは接続詞 ⓬ • **get used to 名詞 [Ving]：「〜に慣れる」**

⓬ • reaction：名「反応・相互作用」

問33

❶ • distribution：名「分配・配分」 ❸ • stuffed animal：名「ぬいぐるみ」

論旨の展開

問27～31

❶～❷：ペットの数の動向：犬はピーク時と比べると低下しているものの、猫は右肩上がり

❸～❹：アニマルセラピーの起源：動物に触れることで、精神的に良い効果が得られる

❺～❻：同様の効果：ロボットの動物でも同様の効果が見られ、実際の動物とともにコミュニケーション力の改善に役立った

❼：利点と欠点(1)：ロボットの動物には、実際の動物が入れない場所に連れて行けるという利点がある

❽～❾：利点と欠点(2)：ペットロスは実際の動物だけでなく、ロボットの動物にも当てはまる

❿：実験：老人ホームでは、人々は実際の動物だけでなくロボットの動物にも関心を持った

⓫～⓬：意外な要因：もしかしたら、ロボットの動物に慣れていなかっただけであり、慣れると違った反応を見せるのではないか

設問解説

問 27

27　**正 解**：⑤　やや易

① 「30 万匹の増加」
② 「50 万匹の増加」
③ 「80 万匹の増加」
④ 「30 万匹の減少」
⑤ 「50 万匹の減少」
⑥ 「80 万匹の減少」

• gain：名「利益・増加」　• loss：名「損失・低下」

❷の the number of registered pet dogs が**キーワード**。直後の内容から、2010 年が 680 万匹で、2018 年が 630 万匹とわかる。ここまで聴き取れれば、計算自体は非常に簡単なので容易に正解を選べる。数字はメモを取っておかないとすぐに忘れてしまうので気をつけよう。

KW：the number of pets / dogs / 2010 / 2018 / 3 / 5 / 8 ➡ 増加か減少か？
ダミーの選択肢の数字は音声として読まれる可能性が高いので要注意

問 28～31

28　**正 解**：②　やや難　　29　**正 解**：③　難

30a　**正 解**：⑥　標準　　30b　**正 解**：④　やや難

31a 正解：⑦ やや難 31b 正解：⑤ 標準

① 「実際の（動物）」
② 「ロボットの（動物）」
③ 「両方」
④ 「広範囲にわたる使用」
⑤ 「悲しく寂しい気持ちになる」
⑥ 「精神面の幸福度を高める」
⑦ 「病気やけがを引き起こす」

- range：名「範囲」 • lonely：形「孤独な・寂しい」
- injury：名「けが」

まずは4つの選択肢④～⑦を、プラスなもの④・⑥とマイナスなもの⑤・⑦に分けよう。❸➡❻の内容から、「実際の動物だけでなく、ロボットの動物にも人を元気づける効果がある」のがわかる。これがpositiveのbothの内容になる。よって 30a には⑥を選ぶ。

❼のvery valuableがキーワードとなる。その直後に「実際の動物が入れない病院のような場所で」とあるので、ロボットの動物は実際の動物よりも幅広い場所で活躍できると考えることができる。よって 28 には②、 30b には④を選ぶ。

次に❼の後半部分にallergy or scratchingとある。選択肢の⑦のdisease and injuryがしっかりとチェックできていればこれがキーワードと気づけるはずだ。この部分では「実際の動物が病院のような場所には入れない理由」が述べられているとわかれば、 31a に⑦が入る。

直後の❽がAnother negative effectで始まるので、この部分がキーワードだとすぐにわかるはず。すると「実際の動物のもう一つのマイナスの効果はペットロス」と続くので、 29 に①を入れたくなるが、ちょっと待ってほしい。後続する❾の内容に注目すると、「ロボットの動物の場合にも同様のことが起こる」と述べている。つまり実際の動物だけでなくロボットの動物でもペットロスによる精神的な苦しみが生じると判断できる。よって 29 には③が、 31b には⑤がそれぞれ入る。

ただたんにキーワードをおさえて該当箇所を待ちかまえるだけでなく、しっかりと内容を理解しないと解けない問題も含まれているので、全体としては難易度は高めである。

KW：④・⑥がpositive、⑤・⑦はnegative。⑦はrealの可能性が高そう

問 32

32　**正解**：④　やや難　思

① 「近い将来、ペットの犬と猫の両方の数は増加し始めるだろう」
② 「ロボットの動物よりも実際の動物のほうがより多くの恩恵をもたらすのは明白である」
③ 「老人ホームで暮らす人々は、ロボットの動物よりも実際の動物といっしょに過ごすのを好んだ」
④ 「ロボットの動物と何度も会ったあとで、人々がどのようにそれらを扱うかは、まだわからない」

● obvious：形「明らかな」　● benefit：名「恩恵・利益」　● prefer to＋V：「Vするのを好む」　● rather than ～：「～よりもむしろ」　● treat：他「～を扱う・～をもてなす」　● remain to be seen：「まだわからない」

ペットの数について述べているのは❶・❷のみで、猫は増加し続けているものの、犬に関してはピーク時から減少傾向にあることがわかるので、①は不適切と判断できる。②は❺の「ロボットの動物に同様の効果がある」に反する。③は、❿の「大差はなかった」という部分が聴き取れれば不適切と判断できる。④は、選択肢の meeting them many times が本文⓬の get used to robots に対応し、さらに選択肢の remains to be seen が同じく本文⓬の their reaction would possibly change に対応しているのがわかれば、正解と判断できる。

KW：ペットの犬猫の数、動物 vs ロボット、老人ホームでの比較、ロボットとの接し方

問 33

33　**正解**：②　やや難

① 「ペットを失ったときに悲しみたくないという理由で、生き物でない動物をペットとして選ぶ人は増加するだろう」
② 「その柔軟性のおかげで、ロボット型の動物は治療の選択肢として選ばれる可能性が高くなりそうだ」
③ 「犬と猫はペットとしての人気を失いつつあるため、アニマルセラピーにおける割合は低下していくだろう」
④ 「ぬいぐるみの平均価格が低下しているので、今後シェアを増やしていくだろう」

● alternative therapy：「代替療法」　● thanks to ～：「～のおかげで」
● flexibility：名「柔軟性」　● be likely to＋V：「Vしそうである」
● share：名「シェア・占有率」

まずは Future Distribution of Animal and Alternative Therapy「アニマ

ルセラピーと代替療法の将来の配分」と題する図の特徴を素早くチェックしていこう。

- アニマルセラピーの代表例である「犬」と「猫」は割合としてはかなり多いが、いずれも2030年には減少予想となっている。
- 代替療法の代表例である「ロボット」と「ぬいぐるみ」は、2020年時点での割合は犬や猫と比べるとかなり低いが、2030年の予想ではそれぞれ**シェアをかなり伸ばしている**。どうやらこの部分が図の最大の特徴と言えそうだ。

①は図の内容とも一致し、一見すると正解のように思える。しかし、動物を失ったときの悲しみ、つまりペットロスはロボットの動物の場合にも生じると、❾で述べている。よって①は不正解。また③の後半部分の「ペットとして人気がなくなっている」の箇所と、④の前半部分の「ぬいぐるみの平均価格が低下している」の箇所はともに、放送内容と図からは判断できない内容である。よって③・④ともに不正解。

②に「ロボットの動物の柔軟性」とあるが、これは❼で述べている「実際の動物がアクセスできない場所でロボットの動物を利用できる」を言い換えた表現であると気づけるかどうかがカギとなる。さらに図から代替療法の割合が増加予想であることが読み取れれば、選択肢の後半部分の内容も間違いではなさそう。よって②が正解となる。

KW：feel sad / pets die / flexibility / losing popularity / average price
➡ 柔軟性とは何を指すのか？

日本語訳

ワークシート

- ペットの数

1. 犬　：2010年：＿＿＿＿＿＿
　　　　2018年：＿＿＿＿＿＿　➡　50万匹の減少

2. 猫　：絶えず増加

- 実際の動物とロボットの動物がもたらし得る効果

効果のタイプ	動物のタイプ	説明
プラス	両方	精神面の幸福度を高める
	ロボットの動物	広範囲にわたる使用
マイナス	実際の動物	病気やけがを引き起こす
	両方	悲しく寂しい気持ちになる

問27～32

❶ これまでにペットを飼うことについて考えたことがあるだろうか？ ❷ 統計によると、登録された飼い犬の数は着実に増加し続け、2010年に680万匹となりピークに達するが、それ以降わずかに減少し、2018年には630万匹となった。一方、飼い猫の数は絶えず増加し続けている。

❸ 実際の動物に触れることで、人は快適で、心地良く、はつらつとした気分になれるのはもうご存知かもしれない。❹ ここからアニマルセラピーが生まれた。❺ しかしながら、最近の研究は、ロボットの動物にも類似した効果があることを示している。❻ その研究によると、実際の動物とロボットの動物の両方が、他人とコミュニケーションをとるのが苦手な人の人付き合いの仕方を改善したことがわかった。❼ これが意味するのは、アレルギーや引っかき傷といったリスクの原因となってしまう可能性があるので実際の動物が入ることができない、たとえば病院のような場所で、ロボットの動物がとても貴重なものとなり得るということだ。❽ 実際の動物が持つもう一つの負の効果はペットロスである。❾ ペットを失った飼い主はたいてい精神的に苦しむのだが、ロボットの動物の場合にも、それらが故障して修理不可能な場合に同様のことが起こる。

❿ 研究者は、実際の動物とロボットの動物の両方を老人ホームへ持っていき、そこに住む高齢者にそれらとともに過ごすよう頼んだ際に、彼らが実際の動物と過ごす時間とロボットの動物と過ごす時間には大差がなかったことを発見した。⓫ しかしながらこのことは、これらの高齢者が以前に一度もロボットの動物を見たことや触ったことがなく、それゆえにロボットの動物に興味があり、どのようにそれらの機械が彼らとかかわるのかに関心があったという事実のためだったのかもしれない。⓬ ひとたびロボットに慣れてしまえば、彼らのリアクションはひょっとすると変わるかもしれない。

問33

❶ それでは、アニマルセラピーの配分が今後どのように変化していくのかについて考えてみよう。❷ 2020年と2030年の配分を比較したこの図を見てほしい。❸ ロボットとぬいぐるみは実際のところ動物ではないけれども、この図に含まれている。

第6問 異なる話し手の意見を聴き、その内容と趣旨を把握する問題

Ⓐ 2人の長めの対話を聴いて内容を理解する問題 やや難

イントロダクション

Ⓐは、留学生と日本人学生の会話を聴き、その内容を問う問題である。会話のスピードもそれほど速くはなく、また聴き取りにくい表現も少ない。ただ知っている語句を聴き取るだけでは判断できない選択肢もあるので、聴き取りながらしっかりと内容を把握できるかがポイントとなる。

問34・35

放送文

Aya: ❶ Hey, what's your plan for tonight, James?
James: ❷ I'll go out for a drink with my classmates.
Aya: ❸ I heard that you missed a class this morning. ❹ Did you drink last night?
James: ❺ You got me. ❻ You know, Japan is a paradise for a young American like me. ❼ I can legally drink here. ❽ This is something I can't do back in my own country.
Aya: ❾ I know you can't drink until you turn 21. ❿ But still, you didn't come here to drink, right?
James: ⓫ Of course not. ⓬ I'm here to learn the history of this country and the language. ⓭ I've found it quite difficult, though.
Aya: ⓮ If you go out with Japanese classmates, then you have a lot of opportunities to speak and listen to Japanese.
James: ⓯ Exactly. ⓰ I've been paying attention to the conversation my Japanese friends are having and I think I'm gradually understanding more and more of it. ⓱ Moreover, my friends always correct my Japanese whenever I make mistakes.
Aya: ⓲ It sounds like you have a nice after-school lesson.
James: ⓳ I'm glad that you understand the real purpose of my drinking.
Aya: ⓴ But you know what, don't drink too much or you might forget all the corrections you get from your friends.
James: ㉑ You are right.

語句・文法

❸ • miss：他「〜をのがす」 ❺ • You got me.：「まいったなぁ」
❼ • legally：副「合法的に」
❾ • turn：自「〜になる」色や年齢などでよく用いられる
❿ • but still：「それでも」 ⓫ • of course not：「もちろんそうではない」
⓭ • **though**：副「**(文中・文末で) でも・けれど**」
⓮ • opportunity：名「機会・好機」
⓰ • **pay attention to 〜**：「**〜に注意を払う**」ここでは I've been paying で現在完了進行形の形をとり「ずっと注意を払い続けている」
⓰ • gradually：副「だんだんと・徐々に」
⓱ • correct：他「〜を訂正する・〜を正す」 ⓱ • **make mistakes**：「**間違いをする**」
⓲ • **sound like 〜**：「**〜のようだ・〜のように聞こえる**」
⓳ • purpose：名「目的」
⓴ • **you know what**：「**1. あのね　2. 知ってる？**」ここでは 2 の意味
⓴ • **命令文＋or＋S＋V 〜**：「**…しなさい、さもなくば〜**」 ⓴ • correction：名「訂正」

設問解説

問 34

34　正解：①　やや難　思

ジェームズについて正しいものはどれか？
①「彼はおそらく 20 歳である」
②「彼は友人とお酒を飲むために日本にやって来た」
③「難しいという理由で、彼は日本語を話すのをあきらめた」
④「彼は日本語を磨くために、大学で放課後のレッスンを受講している」

まずジェームズの❼「ここ（日本）では合法的にお酒を飲める」と❽「母国（アメリカ）ではお酒を飲めない」、さらにその直後のアヤの❾「21 歳になるまでお酒を飲めない」に注目。この 3 つの内容と、日本の飲酒年齢が 20 歳であることを考えれば、①が正解と判断できる。②は⓬「日本の歴史と日本語を学習しに来た」と異なる。⓭で「それは難しいとわかった」と言っているが、あきらめたとは言っていないので、③は不適切。アヤは⓲「どうやら放課後に良いレッスンを受けているみたいね」と言っているが、このレッスンは選択肢④のような大学での授業ではなく、ジェームズが放課後に日本人の友達と飲みに行って日本語を学習していると聴き、それを比喩的に「放課後のレッスン」と言っているので、④は不適切である。たんに語句が聞こえたからという理由だけで選択肢を選ばないように気をつけよう。

KW：twenty years old / drink alcohol / speaking Japanese / after-school lesson ➡ 飲酒と年齢の関係？　放課後に日本語のレッスン？

問 35

35	正 解：③	やや難

アヤについて正しいものはどれか？
①「彼女は、ほんの数杯でも人は忘れっぽくなると考えている」
②「彼女は、以前は留学生とよく飲みに出かけるのが大好きだった」
③「彼女は、留学生といっしょにお酒を飲むことは良い学習の機会となり得ると考えている」
④「彼女は、ジェームズはもっと勉強に専念するためにお酒を飲むのをやめるべきだと考えている」

• forgetful：形「忘れっぽい」　**• focus on ～：「～に焦点を合わせる・～に集中する」**

①は⑳の「飲みすぎてはダメよ、でないと直してもらったことをすべて忘れてしまうわよ」に対応しているが、選択肢のように「ほんの数杯でも」とは言っていない。②は残念ながらこの会話ではいっさい触れられていない内容である。④はたしかに前半部分でアヤは飲み会が原因で授業を欠席したジェームズを非難しており、さらに⑩で「お酒を飲みに日本に来たんじゃないでしょ？」ときつめな発言をしているが、後半の⑭と⑱の発言から、飲み会がジェームズの日本語力向上に役立っていることを認めているのがわかる。選択肢④のように「お酒をやめるべきだ」とまでは言っていない。よって正解は③となる。⑭の a lot of opportunities がキーワード。

KW：forgetful / used to / go out for a drink / students from abroad / good learning opportunity / stop drinking ➡ 飲酒と記憶の関係？　飲酒と学習機会？

日本語訳

アヤ：　❶ ねえ、今夜の予定は、ジェームズ？
ジェームズ：❷ クラスメートといっしょに飲みに行くんだ。
アヤ：　❸ けさの授業にいなかったらしいじゃない。❹ 昨夜も飲んでいたの？
ジェームズ：❺ まいったなぁ。❻ ご存知のとおり、僕みたいな若いアメリカ人には、日本はパラダイスなんだよ。❼ ここでは合法的にお酒が飲めるのさ。❽ 僕の国ではこんなことできないよ。
アヤ：　❾ 21 歳になるまでお酒が飲めないのは知っているわ。❿ それでもね、ここにお酒を飲みに来たんじゃないよね？
ジェームズ：⓫ もちろんそうじゃないよ。⓬ 日本の歴史と日本語を学習するためにここに来たんだ。⓭ けど、かなり難しいなと思っているんだ。

アヤ：　　　⓮ もし日本人のクラスメートと出かけているのなら、日本語を話したり聴いたりする機会がたくさんあるじゃない。

ジェームズ：⓯ そのとおりさ。⓰ 日本人の友達同士の会話にずっと注意を払っているし、だんだんと会話がわかるようになってきていると思う。⓱ それに、友達は僕が間違えるといつも直してくれるんだ。

アヤ：　　　⓲ どうやら、素晴らしい放課後のレッスンを受けているみたいね。

ジェームズ：⓳ 僕の飲み会の真の目的を理解してくれたみたいでうれしいよ。

アヤ：　　　⓴ でも、わかっている？　飲みすぎてはダメよ、でないと友達が直してくれたことを全部忘れてしまうわよ。

ジェームズ：㉑ 君の言うとおりだね。

B 共通のテーマに対する発言者それぞれの趣旨を把握する問題 やや難

イントロダクション

このBは、飲酒年齢の引き下げに関する4人の意見を聴き取り、賛成派か反対派かを判断し、さらに発言の内容と合う図や表を選ぶ問題である。序盤ですぐに判断できるものもあれば、中盤以降で意見が明確になるものもあるので、話の展開に注意しながら各自の主張を把握できるかがポイントとなる。

問 36・37

放送文

イギリス英語

Akira: ❶ Have you read the article, Chris?
Chris: ❷ Which article? ❸ If you are talking about the one concerning legal drinking age, yes, I have.
Akira: ❹ It's a difficult problem, isn't it?
Karen: ❺ It is, Akira. ❻ It has encouraged young people to secretly drink behind adults.
Chris: ❼ Karen is right. ❽ As a result, it prevents them from calling 911 even when they need medical treatment for excessive drinking.
Donna: ❾ By lowering the drinking age, however, they will be able to drink in public places such as bars and restaurants.
Chris: ❿ Donna's got a point. ⓫ If they have a drink-related problem, they can get immediate support from adults around them.
Donna: ⓬ Exactly.
Akira: ⓭ But originally by raising the drinking age from 18 to 21, we succeeded in achieving a 16% decline in car-related accidents.
Donna: ⓮ Oh, wait a second, Akira. ⓯ We should not ignore the fact that this number is lower in all age groups.
Chris: ⓰ And the same thing has happened in Canada, where the legal drinking age is 18 or 19.
Karen: ⓱ So, it has nothing to do with raising the drinking age.
Akira: ⓲ I've also heard that teenagers are particularly subject to the negative impact of alcohol on the human body.
Chris: ⓳ Really, Akira? ⓴ I've never heard of that.
Karen: ㉑ Maybe it's still too early to lower the legal drinking age, I guess.

Donna: ㉒ Oh, don't worry Karen. ㉓ It's time to move forward.

語句・文法

❶ • article：名「記事」 ❸ • concerning：前「～について・関して」 ❸ • legal drinking age：「法定飲酒年齢」 ❸ • I have (read the article)：文末の I have の後ろに read the article が省略されている。返答時、繰り返しとなる語句は省略されやすい
❺ • It is (a difficult problem)：ここでも返答時の繰り返しとなる a difficult problem が省略されている ❻ • **encourage O to V：「O が V するのを励ます・促す」**
❻ • secretly：副「隠れて・こっそり」 ❽ • **as a result：「結果として」**
❽ • **prevent O from Ving：「O が V するのを妨げる・やめさせる」** ❽ • medical treatment：「治療・医学的処置」 ❽ • excessive：形「過度の・極端な」
❾ • lower：他「下げる」 ❾ • public：形「公共の・大衆の」 ❿ • **you have got a point：「的を射ている・そのとおりです」** 相手が言ったことが正しいときに用いる
⓫ • immediate：形「1. 直接の　2. 即時の　3. 隣接した」ここでは 2 の意味
⓬ • **exactly：副「1. 正確に　2. ぴったり・ちょうど　3. そうです・そのとおりです」** ここでは 3 の意味 ⓭ • originally：副「1. 元々は・元来　2. 独創的に」ここでは 1 の意味 ⓭ • raise：他「上げる」 ⓭ • **succeed in Ving：「V するのに成功する」**
⓭ • achieve：他「達成する」 ⓭ • decline：名「低下」 ⓮ • **wait a second：「ちょっと待って」** ⓯ • ignore：他「無視する」 ⓯ • **the fact that ～：「～という事実」同格の that** ⓱ • **have nothing to do with ～：「～と関係がない」**
⓲ • particularly：副「特に」 ⓲ • **subject to ～：「～を受けやすい・左右される」**
⓲ • negative：形「1. 否定的な　2. 有害な」ここでは 2 の意味 ⓲ • impact：名「1. 衝撃　2. 影響」ここでは 2 の意味 ㉓ • move forward：「前進する」

設問解説

問 36

36 **正解**：② やや難

まずはクリスから見ていこう。❽で法定飲酒年齢を非難し、さらに❾のドナの法定飲酒年齢を下げる意見に賛成したあとの⓫で法定飲酒年齢を下げることのメリットについて述べていることから、飲酒年齢引き下げに賛成であると判断できる。次にドナを見ていこう。最初の発言となる❾で法定飲酒年齢を下げるのにやや賛成の姿勢を示し、そのあと⓬でクリスの意見に同意し、さらに最後の発言となる㉓で「前進すべき時だ」と述べ、法改正に前向きだと判断できる。次にアキラを見ていこう。序盤はどちらとも判断できないのだが、⓭の But に続けて「法定飲酒年齢を上げることで、交通事故が減少した」という趣旨の発言をし、年齢を下げることに反対の立場をとっていることが感じられ、さらに⓲の発言から反対の姿勢が明確となる。以上の 3 人は割と判断しやすかったはずだ。この問題のキーパーソンはカレンである。序盤の❻の発言からは法定飲酒年齢を下げることに

賛成のように感じられたであろう。だが、最後の㉑で「法定飲酒年齢を下げるにはまだ時期尚早では」という趣旨の発言が聴き取れれば、彼女もアキラ同様反対派であると判断できる。よって正解は②となる。㉑の発言が正確に聴き取れたかどうかがカギだったのである。

問 37

| 37 | **正解**：③ 難 思

① 「各年齢層ごとの自動車事故件数」
② 「搬送人数と内訳」
③ 「年齢と脳へのアルコールの影響の関係」
④ 「各国の法定飲酒年齢」

この問題は放送前に上に示したような各グラフの趣旨がチェックできているかどうかが極めて重要である。**問 36** で解説したアキラの趣旨を理解したうえで、⑱の「10 代は人体へのアルコールの有害な影響をとくに受けやすい」が聞き取れれば、正解となる③が選べるだろう。放送文中の impact や human body がグラフ内ではそれぞれ effect と brain に言い換えられていた点にも注目したい。難易度を上げるためにこのような「言い換え」はよく用いられるので常に注意しておこう。さらにもう一点気をつけてほしいのがアキラの⑬の発言である。この発言に出てくる age や car-related accidents を断片的にしか聴き取れないとついつい①を選びたくなってしまう。だが、この発言の趣旨は「法定飲酒年齢を上げることで、交通事故が減少した」であり、このグラフには法定飲酒年齢を上げる前と後の比較が記されていないため、グラフ上の数字が減少したものなのかどうかの判断はできない。しっかりと内容を理解していないと判断できないため、かなりのリスニング力が求められるのだが、逆にこのような言い換えや内容把握にしっかりと対応できるようになれば本番で確実に正解できるはずだ。

日本語訳

アキラ：❶もう記事読んだかな、クリス。

クリス：❷どの記事のことかな？　❸法定飲酒年齢に関する記事のことを言っているのなら、うん、読んだよ。

アキラ：❹これって難しい問題だよね？

カレン：❺そのとおりよ、アキラ。❻そのせいで、若い人たちが大人に隠れて飲酒するようになった訳だし。

クリス：❼カレンの言うとおり。❽結果として、法定飲酒年齢があるせいで、彼らは飲みすぎて治療を必要としているときでさえも、911に電話することができないんだから。

ドナ：　❾でももし年齢を下げれば、彼らはバーやレストランといった公の場で飲酒できるようになるよね。

クリス：❿ドナ、そのとおりだよ。⓫もし飲酒に関連する問題が起きたとしても、周囲の大人からすぐに支援をえられるよ。

ドナ：　⓬そのとおりね。

アキラ：⓭でも、そもそも、法定飲酒年齢を18歳から21歳に引き上げることで、自動車関連の事故を16%減少させることができたんだよね。

ドナ：　⓮ちょっと待って、アキラ。⓯事故件数はすべての年齢層において低くなっているという事実を無視しちゃだめよ。

クリス：⓰また同様のことが、法定飲酒年齢が18歳もしくは19歳であるカナダでも見られたのさ。

カレン：⓱ということは、法定飲酒年齢を上げたこととは関係ないってことね。

アキラ：⓲10代は人体へのアルコールの有害な影響をとくに受けやすいと聞いたこともあるよ。

クリス：⓳ほんとに、アキラ？　⓴そんなの聞いたことないよ。

カレン：㉑もしかすると、法定飲酒年齢を下げるには、まだ時期尚早なのかもしれないね。

ドナ：　㉒まぁ心配しないで、カレン。㉓前に進むべきときよ。

予想問題・第3回

解　答
解　説

予想問題・第3回　解　　答

問題番号（配点）	設問		解答番号	正解	配点
第1問（25）	A	1	1	2	4
		2	2	1	4
		3	3	2	4
		4	4	1	4
	B	5	5	3	3
		6	6	2	3
		7	7	1	3
第2問（16）	8		8	4	4
	9		9	3	4
	10		10	1	4
	11		11	1	4
第3問（18）	12		12	4	3
	13		13	3	3
	14		14	4	3
	15		15	2	3
	16		16	1	3
	17		17	2	3

（注）＊は、全部正解の場合のみ点を与える。

問題番号（配点）	設問		解答番号	正解	配点
第4問（12）	A	18	18	2	4*
		19	19	1	
		20	20	4	
		21	21	3	
		22	22	1	1
		23	23	3	1
		24	24	4	1
		25	25	4	1
	B	26	26	1	4
第5問（15）	27		27a	5	3*
			27b	2	
			27c	1	
	28〜31		28a	1	4*
			29a	2	
			30a	2	
			31a	1	
			28b	4	
			29b	5	
			30b	6	
			31b	3	
	32		32	2	4
	33		33	3	4
第6問（14）	A	34	34	4	3
		35	35	3	3
	B	36	36	3	4
		37	37	4	4

第1問　短い内容を聴き取って理解する問題

A　短い文の適切な内容を選ぶ問題　やや易

イントロダクション

Aには、短い発話のなかに、仮定法や比較などの基本的な文法事項の理解を問う問題が含まれている。また接続詞の前後の内容を混同せずに聴き取ることも重要である。

問 1

放送文

M: ❶Even if we leave now, we won't be able to catch the train.

語句・文法

❶ • **even if S'+V' ～：「たとえ S' が V' だとしても」**

設問解説

1　正解：②　易

① 「私たちは電車に間に合いそうである」
② 「私たちは電車に間に合いそうにない」
③ 「電車はちょうど到着した」
④ 「電車はちょうど出発した」
　　• **be likely[unlikely] to+V：「V しそうである［V しそうにない］」**

たとえ前半部分を聴き逃したとしても、後半の won't be able to catch the train が聴き取れれば、電車には間に合わないと判断できるが、理想的には Even if ～を聴いて、「間に合わないのだろう」と予測したい。

KW：catch the train / arrived / left ➡ 電車に間に合うか？
LP：won't の t は弱く読まれやすく、want と似ているので要注意

日本語訳

男性：❶たとえいま出たとしても、私たちはその電車に間に合わないでしょう。

問２

放 送 文

W: ❶Ken had to practice for a long time before he was satisfied.

語句・文法

❶ • **had to + V**：**「V しなければならなかった**（実際にした）」

設問解説

| 2 | 正 解：① 標準

① 「ケンはたくさん練習したあとで満足を得られた」
② 「ケンは満足したので一生懸命練習した」
③ 「ケンは一生懸命練習することはなかった」
④ 「ケンは少し練習した」

この発言は「ケンは満足を得る前に長期的に練習しなければならなかった」となるが、より自然な日本語にすると「長期的に練習し、満足に至った」となる。英語ではこのような before の使い方をするので、聴き取りながら出来事が起こった順番を混同しないように気をつける必要がある。

KW：satisfied / a lot of practice ➡ 一生懸命練習した？　満足した？
LP：had to の to は弱く読まれやすい

日本語訳

女性：❶ケンは満足に至るまでに、長期的に練習しなければならなかった。

問３

放 送 文

M: ❶The examination would not have been so difficult if I had studied a lot.

語句・文法

❶ • **if + S' + had p.p. ～, S + would[could / should / might] + have p.p. …**：**「もし S' が～だったなら、…だったろうに」仮定法過去完了**。ここでは時間の流れが、カンマの前後で逆になっている

設問解説

3 **正解**：② やや易

① 「話し手はたくさん勉強した」
② 「話し手はあまり勉強しなかった」
③ 「話し手は試験を受けなかった」
④ 「試験は話し手にとってそれほど難しくはなかった」

文法の基本事項である仮定法過去完了を理解して、しっかりと聴き取れれば、「たくさん勉強していたら、試験はそれほど難しくはなかったであろう ➡ あまり勉強していなかったから難しかった」と判断できる。仮定法に気づけないと、①や④を選んでしまう可能性は大いにある。リスニングにおける仮定法は要注意ポイントである。

KW：studied / a lot / examination / difficult ➡ 勉強したのか？　試験の難易度は？

日本語訳

男性：❶もしたくさん勉強していたら、試験はそれほど難しくはなかっただろう。

問4

放送文

W: ❶Kevin joined the volleyball team because he is taller than anybody else in his class.

語句・文法

❶ • anybody else：「他のだれも」

設問解説

4 **正解**：① 易

① 「ケビンはとても背が高い」
② 「ケビンはチームで一番背が高い」
③ 「ケビンはバレーボールをしてきたので背が高い」
④ 「ケビンはチームに加わるよう頼まれた」

• quite 副「とても・かなり」　• **人＋be asked to＋V：「人はVするよう頼まれる」**

because の前後の内容を混同しなければ、正解を導くのは易しい。because の後ろの「クラスのだれよりも背が高い」が理由で、前半の「バレーボールチームに加わった」がその結果となる。「クラスのだれよりも背が高い ➡ クラスで一番背が高い」となるが、②は「チームで一番背が高い」なので、うっかり選ばないように気をつける。

KW：tall / team / volleyball ➡ 背がどれほど高いか？　バレーボールを始めた？

日本語訳

女性：❶ケビンはクラスのだれよりも背が高いので、バレーボールチームに入った。

B イラストの適切な説明を選ぶ問題　やや易

イントロダクション

リスニングでは、単純な聴き取りだけではなく、さまざまな必修事項を同時に問う問題もあるので、このBでは、いくつかの必修イディオムや誤って解釈しやすい表現を扱う。

※以下、①〜④は、それぞれのイラストのイメージを表したものである。

問5

放送文

イギリス英語

W: ❶The English examination was anything but easy for her.

語句・文法

❶ • **anything but ～**：「少しも～でない」

設問解説

| 5 | 正解：③ やや易

① 「女の子が笑顔で 100 点満点の答案を見つめている」
② 「男の子が笑顔で 100 点満点の答案を見つめている」
③ 「女の子が残念そうに 60 点の答案を見つめている」
④ 「男の子が残念そうに 60 点の答案を見つめている」

必修イディオムである anything but を知っていて、さらに最後の her を聴き取れれば、正解を選ぶのは容易である。

KW：(English) test / examination / score / glad / sad / boy / girl ➡ 性別とスコア

日本語訳

女性❶その英語の試験は、彼女にとって決して易しいものではなかった。

問6

放送文

M: ❶Tom is second to none when it comes to playing tennis.

語句・文法

❶ • **second to none**：「だれにも劣らない」
❶ • **when it comes to ＋名詞[Ving]**：～のこととなると」

設問解説

6　**正解**：②　やや易

① 「トムがテニスラケットを持って、表彰台の 2 位の段に笑顔で立っている」
② 「トムがテニスラケットを持って、表彰台の 1 位の段に笑顔で立っている」
③ 「トムが卓球のラケットを持って、表彰台の 2 位の段に笑顔で立っている」
④ 「トムが卓球のラケットを持って、表彰台の 1 位の段に笑顔で立っている」

必修イディオムである second to none を知っていて、さらに最後の tennis を聴き取れれば、正解を選ぶのは容易である。ちなみに「卓球」は英語では table tennis / Ping-Pong。

KW：tennis / table tennis［Ping-Pong］/ first / second ➡ 種目と順位
LP：when it comes to のような定型表現は 1 語のように速く読まれやすい

日本語訳

男性：❶テニスとなると、トムはだれにも劣らない。

問 7

放送文

W: ❶This morning, I saw a cat following a dog.

語句・文法

❶ • **知覚動詞＋O＋Ving**：「**O が V しているのを知覚する**」saw は知覚動詞 see の過去形
❶ • follow：他「（あとから）～について行く」

設問解説

7　**正解**：①　やや易

① 「犬の後ろを猫が歩いているのを見ている」
② 「猫の後ろを犬が歩いているのを見ている」
③ 「犬と猫がじゃれ合っているのを見ている」
④ 「犬と猫がケンカしているのを見ている」

知覚動詞とfollowの正確な解釈ができるかを問う問題。まずfollowは「後ろからついて行く」という意味なので、知覚動詞と合わせると、「猫が犬の後ろからついて行くのを見た」となる。followの解釈を誤り、誤訳してしまうことが多いので要注意。

KW：dog / cat / follow / play / fight ➡ 犬と猫の行動

日本語訳

女性：❶私はけさ、猫が犬の後ろをついて行くのを見た。

第２問 短い対話を聴き、適切なイラストを選ぶ問題 やや易

イントロダクション

第２問のイラスト問題は難易度が低く、得点を稼ぐべきセクションである。今回は日常起こり得る場面を想定した、易しめの問題である。1文で正解が選べるものと2文から判断して絞り込むものがあるので、聴き逃さないよう気をつけてほしい。

問８

放送文

W: ❶ Hey, what's your plan for summer vacation?
M: ❷ I'll go south and want to swim with tropical fish. ❸ How about you?
W: ❹ I'll probably visit my friends in Hawaii.
M: ❺ Nice. ❻ It sounds like we will both get a tan.

Question: ❼ Which picture shows the man's plan?

語句・文法

❸ • **How about ～?**：「～はどうですか」
❻ • get a tan：「日焼けする」

設問解説

8 正解：④ 易

❷の swim と fish が聴き取れれば、正解は④とわかる。音声も聴き取りやすく易しい問題である。

KW：sightseeing / Hawaii / beach / get a tan / fishing / swim ➡ 南国での過ごし方

LP：want to は wanna のように発音されることもある

日本語訳

女性：❶ ねぇ、夏休みの計画はどうなっているの？
男性：❷ 南国に行って、熱帯魚といっしょに泳ぎたいな。❸ 君はどうするの？
女性：❹ たぶんハワイにいる友人を訪ねるわ。
男性：❺ いいね。❻ どうやらお互いに日焼けしそうだね。

Question：
❼ 男性の計画を示しているのはどのイラストか？

問 9

放送文

イギリス英語

W: ❶ Excuse me. ❷ How can you listen to music with this set?
M: ❸ Well, you can control it from your smartphone.
W: ❹ But it doesn't have a wire and a plug. ❺ Is the sound quality OK?
M: ❻ Don't worry. ❼ You can enjoy the best sound quality.

Question: ❽ Which product are they talking about?

語句・文法

❺ • sound quality：名「音質」

設問解説

9 正解：③ やや易

❷の「音楽を聴く」と❹の「コードもプラグもない」から③が正解。

KW：earphone / headphone / wireless ➡ オーディオ機器の選択

LP：❸の control it の i のように母音は直前の子音にくっつきやすい

日本語訳

女性：❶ すみません。❷ これでどうやって音楽を聴くのですか？
男性：❸ えーと、お持ちのスマートフォンで操作できるんですよ。
女性：❹ でも、コードもプラグもついてないですよ。❺ 音質は大丈夫ですか？
男性：❻ 心配いりません。❼ 最高の音質を楽しめますよ。

Question：
❽ 2 人はどの製品について話しているのか？

問 10

放送文

W: ❶ Hey, which one is your room?
M: ❷ The room number is 1015.
W: ❸ Look, there is a map here. ❹ Oh, my room is on the mountainside.

M: ❺ Wow, mine is at the end of the corridor, possibly with a view of the sunset.

Question:
❻ Which one is the man's room?

語句・文法

❸ • look：「(文頭で) いいですか・ねぇ・ほら」会話で相手の注意を引くのに用いられる
❺ • at the end of ～：「～の終わり［最後］に」
❺ • corridor：名「通路・廊下」
❺ • sunset：名「日没・夕日」

設問解説

10 正解：① やや易

❺の「廊下の終わり ➡ 廊下の突き当たり」から①か②に絞り、そのあとの「夕日の眺め」で①に絞り込む。

KW：mountain / ocean / corridor / middle / end ➡ 海側か山側？ 廊下のどの位置？

LP：❺の is は mine とくっついて「マイッニズ」となっている

日本語訳

女性：❶ ねえ、あなたの部屋はどれ？
男性：❷ 部屋番号は 1015 だよ。
女性：❸ ほら、ここに案内図があるよ。❹ あら、私の部屋は山側みたい。
男性：❺ オオッ、僕のは通路の突き当たり、ひょっとしたら夕日が見えるかも。

Question：
❻ 男性の部屋はどれか？

問 11

放 送 文

W: ❶ Excuse me. ❷ I'm looking for a room with a separate bath and toilet.
M: ❸ Sure. ❹ Any other requests?
W: ❺ I would like to have a balcony facing south.
M: ❻ OK. ❼ I have four rooms available now.

Question:
❽ Which room will the woman choose?

語句・文法

❷ • separate：形「離れた・別の」
❸ • **sure.**：副「(返答で) **いいとも・もちろん**」
❺ • balcony：名「バルコニー・ベランダ」
❺ • facing south：「南を向いている」ここでは balcony にかかっている
❼ • available：形「利用できる・入手できる」

設問解説

11 **正解**：① やや易

まず❷で「お風呂とトイレが別」と言っているので、①と③に絞られる。次に❺で「南向きのベランダがほしい」と言っているので、①を選ぶ。

KW：bath / toilet / separate / balcony / north / south ➡ バス・トイレ別？ バルコニーの位置は？

日本語訳

女性：❶ すみません。❷ お風呂とトイレが別の部屋を探しているんですが。
男性：❸ いいですとも。❹他に何かご要望は？
女性：❺ 南向きのベランダがあるといいんですけど。
男性：❻ わかりました。❼ 今のところ空き部屋が 4 つあります。

Question：
❽ 女性はどの部屋を選ぶか？

第3問 やや長めの対話を聴き、適切な内容を選ぶ問題 標準

イントロダクション

第3問は、数字の問題と、よく勘違いしやすい mind を用いた疑問文の応答の仕方、その他会話でよく用いられる表現を織り交ぜた問題で構成されている。

問 12

放送文

W: ❶ How was your pizza?
M: ❷ It was pretty good.
W: ❸ Oh really? ❹ My pasta was OK, but it took so long.
M: ❺ Yeah. ❻ We should come here for dinner, not for lunch.
W: ❼ Right. ❽ Our lunch break is too short.

語句・文法

❹ • **took so long**：「**とても時間がかかった**」**take** には「(**時間が**) **かかる**」の意味がある　❽ • break：名「休憩」

設問解説

12 正解：④ やや易

2人は何について意見が一致しているか？
① 「そのレストランは騒がしかった」
② 「サービスは素晴らしかった」
③ 「料理の味は素晴らしかった」
④ 「料理が出てくるのが遅かった」

❹の「私のパスタはまあまあ、でもとても時間がかかった」と言う女性の発言と、それを受けての男性の❺と❻の発言「そうだね。ここにはランチではなくディナーに来たほうがいい」から、2人とも食事の提供が遅いと感じているのがわかる。❷で男性が「(ピザの味は) かなり良かった」と言っているので③を選びたくなるが、❹の女性の OK は「(素晴らしくおいしい訳ではないけど) まずまず・まあまあ」といった意味になるので気をつけよう。

KW：noisy / service / excellent / food / great / slow ➡ 雰囲気、味、サービス？
LP：❹の but の t は it とくっついて R 化し「バリィッ」となっている

日本語訳

女性：❶ あなたのピザはどうだった？
男性：❷ かなりおいしかったよ。
女性：❸ 本当？ ❹ 私のパスタはまあまあだったけど、とても時間がかかったわ。
男性：❺ そうだね。❻ ここにはランチじゃなくて、ディナーに来るのがよさそうだね。
女性：❼ そのとおりね。❽ 私たちのお昼休みは短すぎるから。

問 13

放 送 文

M: ❶ It's 10:00 a.m. now. ❷ How long does it take from here to the hot spring?
W: ❸ If we ride a bullet train, it takes only two hours. ❹ But if we ride a local train, then it will probably take about five hours. ❺ Which one do you prefer?
M: ❻ Since I've never taken this line before, I'd like to have some time to enjoy the scenery if you don't mind.
W: ❼ Sure, no problem.

語句・文法

❷ • hot spring：「温泉」 ❸ • bullet train：「新幹線」 ❹ • local train：「普通列車」
❻ • scenery：名「風景・景色」

設問解説

13 正解：③ 標準

彼らは何時に温泉に到着するか？
① 「10 時」
② 「12 時」
③ 「15 時」
④ 「17 時」

まず❶で現在の時刻「午前 10 時」をおさえておこう。次に❸と❹に「新幹線だと 2 時間、普通列車だと 5 時間かかる」とあるので、②か③に絞られる。そのあとの❻の「ゆっくり景色を楽しみたい」から③が正解と判断できる。この問題のように選択肢を見て**数字の問題**と気づいたら、必ず**数字のメモ**を取ろう。

LP：❷の does it take は 3 語がくっついて速く読まれやすい

日本語訳

男性：❶ 今午前 10 時だね。❷ ここから温泉までどのくらいかかるの？

女性：❸ もし新幹線に乗ったら、2 時間しかかからないよ。❹ でももし普通列車に乗ったら、たぶん 5 時間くらいはかかるでしょう。❺ どちらがいい？

男性：❻ 今までにこの路線は一度も乗ったことがないから、もし君が良ければ、ゆっくりと景色を楽しみたいな。

女性：❼ もちろん、大丈夫よ。

問 14

放送文

M: ❶ Oh my goodness! ❷ I left my science textbook at home. ❸ I need it for today's class.

W: ❹ That's too bad. ❺ I think I have one for basic science in my locker.

M: ❻ Do you mind if I ask you to lend me the textbook?

W: ❼ Of course not, as long as you don't write anything on it.

語句・文法

❶ • Oh my goodness!：「何ということだ！」驚きや怒りを表す

❹ • That's too bad.：「それは残念だ・お気の毒に」

❼ • Of course not.：ここでは直前の mind「気にする・いやだと思う」に対する返答なので、「もちろん気にしないよ ➡ いいよ」という意味

❼ • **as long as**＋S'＋V' ～：「**1. S' が V' するかぎり　2. S' が V' する間**」ここでは 1 の意味

設問解説

14　**正解**：④　やや易

この会話からどのようなことが推測できるか？

①「彼女は、テキストを彼に渡そうとはしなかった」

②「彼女は、彼はあまりに忘れっぽいと思った」

③「彼女は、彼にメモを取るように言った」

④「彼女は、彼の要求を受け入れるだろう」

❻の Do you mind を理解しやすいようにあえて直訳で解説しよう。語

句・文法で書いたように、mind は「気にする・いやだと思う」という意味である。よってこの文の訳は「もしそのテキストを私に貸してくださいと頼んだら、あなたは気にしますか[いやがりますか]？」となる。これに対し、❼「もちろん気にしない、そこに何も書き込まないかぎりは」と返答している。よって正解は④となる。今回出てきた **Do[Would] you mind ～?** は会話ではよく用いられるので、返答の仕方も覚えておきたい。「気にしないとき」(1) **Of course not.** (2) **Not at all.** (3) **Certainly not.** 「気にするとき」(1) **I would rather you didn't.** (2) **I would rather not.**

KW：text / forgetful / notes / request ➡ 男性がテキストを忘れた？　メモを取る？

LP：❸の need it は、it が need にくっついてとても弱くなっている

日本語訳

男性：❶ 何てことだ！ ❷ 科学の教科書を家に置いてきてしまった。❸ きょうの授業に必要なのに。

女性：❹それは残念ね。❺ 基礎科学の教科書だったらロッカーにあると思うけど。

男性：❻ その教科書を貸してくれないかな？

女性：❼ もちろんいいわよ、何も書き込まないならね。

問 15

放 送 文

W: ❶ I would like to watch a movie about a rock band.

M: ❷ I know which one you are talking about. ❸ In fact, I wanted to watch it.

W: ❹ Then we should go together. ❺ Because if we purchase two tickets, we can get 50% off for the second one.

M: ❻ Sounds great! ❼ If I watch it by myself, I have to pay $14.

語句・文法

❸ • **in fact**：「1. じつは　2.（だが）実際は」ここでは 1 の意味

❺ • purchase：他「～を購入する」

❼ • **by myself**：「一人で」

設問解説

15 **正 解**：② やや易

2人は映画のチケットに合計でいくら支払うか？
① 「14ドル」
② 「21ドル」
③ 「28ドル」
④ 「50ドル」

選択肢を見て、「数字の問題 ➡ メモ」を思い出そう。❺から「映画のチケットを2枚買うと、2枚めが50%オフ」とわかる。the second に注意。半額になるのは2枚めだけで、2枚両方の料金が半額になるわけではない。すると最後の発言❼「1人で観たら14ドル支払わないと」から、チケット1枚の値段が14ドルとわかる。14＋7＝21となり、正解は②となる。

LP：❼の＄14を＄40と聴き間違えないよう、アクセントの位置を確認しておこう

日本語訳

女性：❶ あるロックバンドに関する映画を観たいのよね。
男性：❷ どの映画のことを言っているかわかるよ。❸ じつは、僕も観たかったんだ。
女性：❹ それならいっしょに行きましょう。❺ もしチケット2枚買ったら、2枚めが半額になるのよ。
男性：❻ いいね！ ❼ もし1人で観たら、14ドル払わないとならないからね。

問16

放 送 文

M: ❶ How was your trip to Niigata?
W: ❷ It was great! ❸ My family and I enjoyed the delicious food there.
M: ❹ Good! ❺ I've heard they have nice seafood and soba noodles there. ❻ Right?
W: ❼ Yeah, but since I'm allergic to seafood, I enjoyed the latter.

語句・文法

❼ • **since S'＋V'～**：接「1. S'がV'して以来 2. S'がV'なので」ここでは2の意味
❼ • allergic：形「アレルギー性の」発音注意 ❼ • latter：名「後者」直前に出てきた2つの名詞のうち、あとに述べられたものを指す。ここではsoba noodlesを指す

設問解説

16　正解：①　やや易

女性は何をしたでしょうか？
① 「そばを満喫した」
② 「海鮮料理を食べ、とても気に入った」
③ 「海鮮料理とそばの両方を気に入った」
④ 「美味しい食べ物を見つけに新潟に行った」

❶➡❸の展開から「女性が家族とともに新潟に行き、美味しい料理を満喫した」ことがわかる。さらに❺で男性が「海鮮とそばが素晴らしいって聞いた」と述べ、それに対し女性は❼で「魚介類アレルギーなので、後者を満喫した」と返答したことがわかれば、正解は①と判断できる。④は会話内で「美味しい食べ物を満喫した」とは言っているが、それが新潟に行く目的であったとまでは断定できない。ここでは the latter を正確に聴き取り、解釈することができるかがポイントとなる。また、allergic の発音は日本語の「アレルギー」とはかなり異なるのでしっかりと覚えておきたい。

KW：soba / seafood / Niigata ➡ 新潟に行った、そば、海鮮、どっち、両方？
LP：❼の latter の tt も母音に挟まれているので R 化し、「ララー」に近い音になりやすい

日本語訳

男性：❶ 新潟旅行はどうだった？
女性：❷ すごく良かったよ！　❸ 家族も私もそこで美味しい食べ物を満喫したよ。
男性：❹ いいね！　❺ 海鮮とそばが素晴らしいって聞いたことがあるよ。❻ そうなんでしょ？
女性：❼ ええ、でも魚介アレルギーなので後者を満喫したわ。

問 17

放送文

イギリス英語

W: ❶ Look at the man over there. ❷ I think I've seen him somewhere before.
M: ❸ You mean that tall guy talking on the phone?
W: ❹ Yes. ❺ Do you recognize him?
M: ❻ I think he is your favorite singer, isn't he?
W: ❼ Yeah, that's right. ❽ He is the last person I expected to see in this town.

語句・文法

❶ • over there：「むこう・あそこ」 ❷ • somewhere：副「どこかに・へ・で」
❺ • recognize：他「認める・それとわかる」 **❽ • the last ～(to V / that S' + V')：「最も (V') しそうにない～」** ❽ • expect to V：「V すると期待する・予期する」

設問解説

17 正解：② やや易

> 会話の内容と一致するのはどれか？
> ① 「女性は街でその歌手を見つけると期待していた」
> ② 「女性は街でその歌手に会うとは思っていなかった」
> ③ 「男性はその歌手について何も知らなかった」
> ④ 「男性は電話でその歌手を呼び出した」

❶ ➡ ❻の展開から「女性が見覚えのあった男性は、お気に入りの歌手であった」ことがわかる。これを受け女性は❽で「まさか会うとは思っていなかった」と述べたのである。よって正解は②となる。ここでは重要表現である the last を正確に聴き取り解釈できるかがポイントとなる。このような**否定語を含まないが否定の意味を持つ表現**には最大限の注意が必要だ。

KW：find the singer / didn't know anything / called ➡ 歌手に会う、知らない、電話をかける？

日本語訳

女性：❶ あそこにいる男の人を見て。❷ 以前どこかで見たことある気がするんだけど。
男性：❸ あの背が高い、電話で話している人のこと？
女性：❹ そうよ。❺ だれだかわかる？
男性：❻ 君のお気に入りの歌手じゃないかな？
女性：❼ そうよ、そのとおりよ。❽ まさかこの街で会うとは思ってもみなかったわ。

第4問 やや長めの話から、必要な情報を聴き取る問題

Ⓐ 聴き取った情報をイラストや表に当てはめる問題 標準

イントロダクション

第4問のⒶは、試行調査問題ではかなり難易度が低かったが、ここではひとひねり加えて、少し難易度を上げている。また、**問22〜25**の表に数字を入れる問題は、試行調査問題で使用されていた表現に若干の追加をして作成している。

＊以下、①〜④は、それぞれのイラストのイメージを表したものである。

問 18〜21

放送文

❶ Last month, I spent most of my time planning where and how I should travel around Japan, and finally last week, I put the plan into practice. ❷ During the trip, I noticed not only its unique culture but the kindness of the people there. ❸ While I was in Nara and looking for a temple, I got lost and was looking for an Internet café to get information. ❹ Then I came across a Japanese guy and asked him about the location of the temple. ❺ Since he couldn't explain how to get there in English, he gave me a ride to the temple. ❻ Thanks to his kindness, I enjoyed feeding animals.

語句・文法

❶ • **spend＋時間・お金（＋ in[on]）＋Ving**：「〔時間・お金〕を V するのに費やす」 • **put O into practice**：「O を実行に移す」 ❷ • unique：形「唯一の・特有の」
❸ • **get lost**：「道に迷う」 ❹ • **come across**：「偶然出会う」
❺ • **since** S'＋V' 〜：接「**1.** S' が V' して以来 **2.** S' が V' なので」ここでは2の意味 ❺ • **give＋人＋a ride**：「〔人〕を車に乗せてあげる」
❻ • **thanks to 〜**：「〜のおかげで」 ❻ • feed：他「（えさや食料などを）〜に与える」

設問解説

18	正解：②	標準	
19	正解：①	やや易	
20	正解：④	易	
21	正解：③	易	

① 「外国人女性が奈良の路上で道に迷っている」
② 「外国人女性が日本の旅行サイトをパソコンで閲覧している」
③ 「外国人女性が楽しそうに鹿にえさを与えている」
④ 「外国人女性が日本人男性が運転する車で寺に向かっている」

まず❶で「先月、日本のどこをどのようにして旅するかを計画するのにほとんどの時間を費やした」とある。②のイラストがこれを指しているのか迷うところだが、あとに出てくるインターネットカフェには実際は行っていないので、消去法で[18]には②が入る。次に❸から「道に迷った」のがわかる。よって[19]には①が入る。①のイラストを見て、「迷う」を表す get lost か lose ～ way がくるのではと予測できていれば、断然聴き取りやすくなる。以降はストーリーをある程度つかめれば、❺の「車に乗せてもらった」から[20]には④が入り、❻の「動物へのえさやり」から[21]に③が入ると判断できる。

KW：get lost / lose ～ way / website / give / feed / temple / ride
LP：❹の him は直前の d とくっつき、h が弱くなっている

日本語訳

❶ 先月、私はほとんどの時間を、日本のどこをどのように旅して回るかを計画するのに費やし、そしてついに先週、計画を実行に移した。❷ 旅行中に私は、その固有の文化だけでなく、そこに住む人々の優しさに気づいた。❸ 奈良でお寺を探しているときに、私は道に迷い、情報を収集しようとインターネットカフェを探していた。❹ すると偶然日本人男性に出会い、彼にお寺の位置を尋ねてみた。❺ 彼はそこへの行き方を英語で説明することができなかったので、お寺まで車で送ってくれた。❻ 彼の優しさのおかげで、私は動物へのえさやりを楽しむことができたのだった。

問 22～25

放送文

❶ I am making the list of the parking fees at Japan International Airport. ❷ I'm filling in the total fee column right now, so could you give me a hand? ❸ The rates depend on how long you park your car. ❹ The basic rate is 3 dollars per hour for the first six hours and 18 dollars up to 24 hours. ❺ The rate changes to a daily basis of 15 dollars after 24 hours.

語句・文法

❶ • fee：名「料金」
❷ • **fill in ～**：「～に記入する」 ❷ • column：名「欄・(縦の) 列」

❷ • **give＋人＋a hand**：「〔人〕を手伝う」
❸ • rate：名「割合・料金」 ❸ • **depend on ～**：「**1.** ～に依存する **2.** ～しだいである」ここでは2の意味
❹ • **up to ～**：「**1.** ～しだい **2.** ～まで」ここでは2の意味
❺ • daily basis：「日単位」

設問解説

22	正解：①	やや易	思	23	正解：③	標準	思
24	正解：④	標準	思	25	正解：④	標準	思

まずは❸から、「料金は駐車時間による」ことを確認。次に❹の「基本料金は最初の6時間に対しては1時間ごとに3ドル」「(6時間以降は) 24時間までは18ドル」、さらに❺の「料金は24時間以降、日額15ドルへと変わる」となっている。これらをまとめると、22は4時間なので3ドル×4＝12ドル、23は6時間以上24時間以内なので18ドル、24と25は24時間以上48時間以内なので、ともに18ドル＋15ドル＝33ドルとなる。ここでは数字だけをメモしても、仕組みを理解していないと正解を導き出すことができない。その仕組みを把握するのに必要なのが、❹や❺に出てくる3 dollars <u>per hour for</u> the first six hours / 18 dollars <u>up to</u> 24 hours / <u>a daily basis of</u> 15 dollars <u>after</u> 24 hours などの下線部の表現の素早い理解だ。数字だけでなくこれらの表現にも注意を払う必要がある。

KW：Zoneは関係するのか？ 22・23は24時間以内、24・25は48時間以内

日本語訳

❶ 私は今、日本国際空港の駐車場料金の表をつくっています。❷ ちょうど今料金欄に記入をしているところなのですが、手伝ってもらえませんか？ ❸ 料金はどのくらいの時間、車を停めたかによります。❹ 基本料金は最初の6時間は1時間3ドル、24時間までは18ドルです。❺ 24時間以降、料金は日額15ドルへと変更されます。

B メモを活用し、条件を満たすものを選ぶ問題　　標準

イントロダクション

試行調査問題の形式にもとづき、4人の企業紹介を聴きながら、就業体験の条件を満たす企業を選ぶ問題。音声もややゆっくりで聴き取りやすくなっているので、メモを取りながら細部まで理解するよう心がけよう。

問 26

放送文

〈イギリス英語〉

1．❶ I recommend *TJ Network*. ❷ It's located in the central part of Yokohama city, so it's very accessible. ❸ The office hours are from 10:00 a.m. to 7:00 p.m., including a one-hour break. ❹ You mostly work with engineers from Canada or Britain.

2．❺ I worked for *Excellent Service*. ❻ The company has many offices, so you can choose the one closest to where you live. ❼ You are responsible for replying to all emails written in English. ❽ During the peak season, you have to stay in the office for half a day.

3．❾ You should apply for *East Asian Travel*. ❿ Their flexible working hours enable you to go to work and leave the office anytime you like. ⓫ Most employees are Japanese, but there are a few from other Asian countries. ⓬ The office is in a brand-new building in Nagoya.

4．⓭ I had a wonderful experience working for *LTN Communications*. ⓮ I talked with many clients from abroad, mostly from Latin America, so I was able to use my Spanish a lot. ⓯ There are daytime and nighttime shifts, each of which continues no longer than seven hours. ⓰ The office is close to Yokohama city.

語句・文法

❶ • recommend：㊎「～を推薦する」
❷ • accessible：㊋「接近しやすい」
❸ • office hours：「営業時間」
❾ • **apply for ～**：「～に申し込む」
❿ • flexible：㊋「柔軟な」
❿ • **enable O to V**：「OがVするのを可能にする」

⑩ • **anytime you like**：「あなたが好きなときはいつでも」
⑪ • employee：名「従業員」
⑭ • client：名「依頼人・顧客・取引先」
⑮ • 関係代名詞 which：ここでは each of を従えて、直前の daytime and nighttime shifts を指し、「(その) それぞれのシフトは」となる
⑮ • **no longer than ～**：「長くても」

設問解説

26　正解：①

① TJ Network
② Excellent Service
③ East Asian Travel
④ LTN Communications

まずは3つの条件（A. 仕事内容／B. アクセス／C. 勤務時間）を確認しよう。さらに「メモ」が用意されているので、聴き取りながらそこに○×をつけていこう。

①のティージェー・ネットワークは、Aは❹「カナダかイギリス出身の技術者と働く」と言っており、英語を使うと考えられるので○。Bは❷より○。Cは❸より○。

②のエクセレント・サービスは、Aは❼より○。Bは❻で「最寄りのオフィスを選ぶことができる」と言っているので○と言えそうだが、断定はできない（横浜周辺にオフィスがない可能性もある）。Cは❽の「ピーク時は半日オフィスにいなければならない」とあるので×。

③のイースト・エイジアン・トラベルは、Aは⓫「従業員はほとんど日本人だが、アジアの国出身の人が少数いる」とあるので、その人たちと会話するさいに英語を使う可能性があるので○。Bは⓬より名古屋なので×。Cは⓾より「フレックス制」のようなので○。

④エルティーエヌ・コミュニケーションズは、Aは⓮でスペイン語と言っているので×。Bは⓰より横浜から近そうなので○。Cは⓯より7時間を超えることはなさそうなので○。

以上より、すべての条件を満たすのは①のティージェー・ネットワークと判断できる。

KW：close to / within / far / shift / at most

日本語訳

1．❶私は *TJ Network* をおすすめします。❷この会社は横浜市の中心部に位置しているので、とてもアクセスしやすいです。❸営業時間は午前10時から午後7時までで、1時間の休憩が含まれています。❹たいていは、カナダかイギリス出身の技術者といっしょに働きます。

2．❺私は *Excellent Service* で働きました。❻この会社には多くのオフィスがあるので、今お住まいの場所から一番近いものを選ぶことができます。❼英語で書かれたすべてのEメールの返信を担当します。❽繁忙期は半日ほどオフィスに留まらなければなりません。

3．❾ *East Asian Travel* に申し込むのがいいですよ。❿フレックスタイム制なので、いつでも好きなときに出勤し、退勤することができます。⓫従業員はほとんど日本人ですが、他のアジアの国出身の人も少しいます。⓬オフィスは名古屋の新しいビル内にあります。

4．⓭私は *LTN Communications* で働いて、素晴らしい経験をしました。⓮ラテンアメリカを中心に、多くの海外の取引先と話をしたので、スペイン語をよく使うことができました。⓯日勤と夜勤のシフトがありますが、それぞれ7時間を超えることはありません。⓰オフィスは横浜市の近くにあります。

第5問　長い講義を聴き、資料と照らし合わせて理解する総合的な判断力を問う問題　難

イントロダクション

第5問は、ジェンダーギャップ（男女格差）に関する講義を聴き取り、ワークシートを活用しながら細部と大意の両方を把握する問題を用意した。また**問33**は図の代わりに表から特徴を読み取る形式である。図のように視覚的に情報を得ることはできないが、どのような点に注目すべきかをおさえておこう。

問27～33

放送文

(Questions No.27～32)

❶ How much do you know about the current situation of the gender gap in the world? ❷ A survey has been conducted since 2006 and the average score this year is 68%. ❸ Within the top ten countries, five are from Northern Europe such as Norway and Sweden, two are from East Asia and the Pacific region such as New Zealand, two are from Africa such as Rwanda, and one is from Latin America.

❹ The total score is based on the gap between men and women across four basic categories: Economic Participation and Opportunity, Educational Attainment, Health and Survival, and Political Empowerment.

❺ Among these four subcategories, the widest gender gap is seen in Political Empowerment. ❻ The gap has been closed by just 23%, unchanged since last year, which means women's voices are not reflected in the process of decision making.

❼ Another category that has a large gap is Economic Participation and Opportunity. ❽ No more than 60% of the gap has been closed, with small improvements since last year. ❾ This number shows that there are still many women who have difficulty becoming a manager or having a senior position.

❿ In contrast, the gender gap for Educational Attainment is quite small. ⓫ More than 80 countries have closed at least 99% of the gap. ⓬ However, when it comes to literacy, there are still some women who can't write.

⑬ While no country has ever achieved total equality, Health and Survival has the smallest gap, with all countries having closed more than 90% of their gap. ⑭ In terms of life expectancy, women tend to live longer than men in almost all countries.

Question No.33

❶ Now let's look at the table of global rankings. ❷ Several countries are picked up from different areas of the world. ❸ Both developed and developing countries are listed on the table. ❹ By making a comparison between them, what can we learn from this?

語句・文法

ワークシート

- current：形「現在の」 • category：名「区分・部門・分野」
- description：名「描写・説明」 • participation：名「参加」
- opportunity：名「機会・好機」
- attainment：名「到達・達成」
- survival：名「生存」 • empowerment：名「権限を与えること」

放送文・Questions No.27～32

❷ • survey：名「調査」 ❷ • conduct：他「～を行う」
❹ • **based on** ～：「～にもとづいて」
❻ • close：他「～を閉じる・～を埋める」 ❻ • reflect：他「～を反映する・～を反射する」 ❻ • process：名「過程」 ❻ • decision making：「意思[政策]決定」
❽ • **no more than**：「たったの・わずか」
❾ • **have difficulty Ving**：「Vするのに苦労する」
❿ • **in contrast**：「対照的に」 ⓫ • **at least**：「少なくとも」 ⓬ • **when it comes to** 名詞[**Ving**]：「～のこととなると」 ⓬ • literacy：名「読み書きの能力」
⓭ • achieve：他「～を達成する」 ⓭ • equality：名「平等」 ⓭ • **付帯状況の with**：〈**with**＋名詞＋補語〉の形で「名詞を[が] ～しながら[して]」
⓮ • **in terms of** ～：「1. ～の点で 2. ～の言葉で」ここでは1の意味 ⓮ • **life expectancy**：「平均余命・平均寿命」 ⓮ • **tend to**＋V：「Vする傾向がある・Vしがちである」

放送文・Question No.33

❶ • table：名「表」 ❸ • developed[developing] countries：名「先進[途上]国」

論旨の展開

問27～32

❶～❸：ジェンダーギャップの現状についてどのくらい知っているか？ジェンダーギャップ指数にもとづく今年の上位10カ国

❹：トータルスコアは4つの分野にもとづいて算出される

❺～❻：4つの分野のうち、ジェンダーギャップが最も大きいのは「政治における権限」で、前年度からギャップが変わらず。女性の声が政策決定に反映されていないことを表す

❼～❾：ジェンダーギャップが大きいもう1つの分野は「経済活動への参加と機会」で、前年度から多少の改善は見られたが、依然として女性の出世は難しい

❿～⓬：対照的に、多くの国において、「教育の達成」における男女差は非常に小さいが、読み書きの能力において、いまだに文字を書けない女性が残る

⓭～⓮：完全な平等を達成した国はないが、「健康と生存」においてジェンダーギャップは最も小さく、ほぼすべての国で女性のほうが寿命が長い

設問解説

問 27

27a 正解：⑤ やや易　27b 正解：② やや易
27c 正解：① やや易

ワークシートから、「上位10カ国の世界の各地域の国数」が問われているとわかる。すると❸の Within the top ten countries がキーワードとなり、そのあとに続く国の数が聴き取れればそれほど難しくはないはずだ。ただこのような場合に、英語の表現では five are from Northern Europe のように、**数字が地域名よりも先に出てきやすい**ので気をつける。

KW：Top ten countries / Northern Europe / East Asia and the Pacific region / Africa / Latin America

問 28～31

28a 正解：① やや難　29a 正解：② やや難
30a 正解：② やや難　31a 正解：① やや難
28b 正解：④ やや難　29b 正解：⑤ やや難
30b 正解：⑥ やや難　31b 正解：③ やや難

① 「大きい」
② 「小さい」
③ 「ジェンダーギャップは昨年から変わっていない」
④ 「昨年からごくわずかな進歩が見られた」
⑤ 「半分以上の国で少なくとも格差の 99% が埋められた」
⑥ 「すべての国が少なくとも格差の 90% を埋めた」

まずはワークシートの表の Category にある 4 つの分野と選択肢から、KW のキーワードを抜いておく。次に❺の Political Empowerment から、話題が表の順番と異なることに気づく。すると遅れキーワードとなるが、❺の the widest gender gap より 31a は①とわかり、さらにそのあとの❻の unchanged since last year の言い換えが③の consistent since last year と判断できると、 31b が③となる。

次に、❼の Economic Participation and Opportunity がキーワードとなるが、ここも遅れキーワードとなり、直前の Another category that has a large gap が聴き取れたかがカギとなる。また❽の後半の with small improvements since last year の言い換えが④の Minimal progress has been made since last year. と判断できる。よって 28a は①、 28b は④となる。

次に❿の Educational Attainment がキーワードとなり、その直後の quite small から 29a は②となり、さらに⓫の at least 99% が more than 80% の遅れキーワードとなり、at least の言い換えが⑤の Not less than、さらに、⓫の More than 80 countries の言い換えが⑤の more than half countries と考えられる。よって 29b は⑤。ここまで完全に把握できなくても、「99% と聞こえた」ということで⑤を選んでもよしとしよう。

⓭で Health and Survival がキーワードとなり、直後に続く the smallest gap と all countries having closed more than 90% から、 30a は②、 30b は⑥となる。 28a ～ 31a に関しては、❿の In contrast がじつは重要な分岐点となっている。❿より前は「いまだに格差の大きな分野」について取り扱い、「対照的」に❿以降は「格差があまりない分野」について扱っている。**第 5 問**のような長めのリスニングにおいては、論理展開を追い、聴き取りにくい箇所の内容を推測するうえで、長文読解問題と同様に、接続語句を追っていくのは非常に重要である。

KW：consistent / Minimal progress / Not less than 99% / more than half countries / All countries / at least 90%

問 32 32 **正解**：② やや難

① 「ほんの数カ国で、女性は男性よりも長くて健康的な暮らしを送ることができる」
② 「多くの国で、女性が企業の高い地位に就くのは依然困難である」
③ 「多くの政府が女性の意見に耳を傾けている」
④ 「書くことができる女性の数は男性と同じくらい多い」
- **lead a ～ life：「～な暮らしを送る」**
- **take ～ into consideration：「～を考慮に入れる」**

まずは選択肢から以下のキーワードを抜いておく。

KW：women are able to lead a longer and healthier life / than men / women to take a higher position / company / governments / women's opinions / women who can write

また、同時に各選択肢の内容とワークシートの表から①は Health and Survival、② は Economic Participation and Opportunity、③ は Political Empowerment、④は Educational Attainment と関連しているのではないかと、放送前にチェックしておきたい。①は選択肢の内容から「長生きと健康面」について問われているのがわかる。すると⓭の Health and Survival がキーワードとなり、⓮「ほとんどすべての国で女性は男性よりも長生きする傾向がある」とあるので、①の「ほんの数カ国で」と不一致。②は❾の many women と difficulty がキーワードとなり、「多くの女性が管理職やそれ以上の地位に就くのに苦労」とあることから一致。③は❺の Political がキーワード。選択肢③の governments ではないが、関連性が高い語なのでキーワードと同等の扱いをすべきである。すると直後の❻で「女性の意見は政策決定に反映されていない」とあるので不一致。④は❿の Educational Attainment がキーワード。すると⓬で「いまだに書くことができない女性がいる」と言われているので、「男性と同じくらい多い」の部分が一致しない。よって正解は②となる。

問 33 | 33 | **正 解**：③ やや難 思

① 「教育の到達と健康と生存において順位が高い国々は、全体の順位もまた高い」
② 「すべての分類において、先進国のスコアはたいてい高い」
③ 「ある国の男女平等は、必ずしもその国の経済力と一致するわけではない」
④ 「日本は、女性たちが楽に働きながら同時に子育てができるよう、手厚い支援を提供してきた」

- gender equality：「男女平等」 • **not necessarily：「必ずしも～というわけではない」** • consistent：形「一致した」 • **... so that** + S' + V'～：「1. **S' が V' するために…　2. …、その結果 S' が V' する**」ここでは 1 で訳して

いる

まずはGlobal Rankingsと題する表の特徴を素早くチェックしていこう。

- 一番左の列が「全体の順位」、2列め以降は講義で述べられた各分野ごとの順位が掲載されている。
- この表で扱われている国はアイスランド、ルワンダ、フィリピン、アメリカ、ブラジル、中国、日本で、ルワンダ（アフリカ）やフィリピンのような途上国から、北欧のアイスランドや南米のブラジルまで、幅広い地域から選ばれている。ちなみにルワンダがアフリカの国と知らなくても、講義の❸とワークシートから気づくことができる。
- アイスランド、ルワンダ、フィリピンは全体の順位が高く、各分野においても上位に位置している。
- 日本の順位はかなり低い。

❷と❸、さらに表から、「先進国と途上国から、さらに世界各地から国が選ばれている」点を確認しておく。では各選択肢を見ていこう。①で述べられている2つの分野の上位はブラジル、フィリピン、日本であるが、フィリピン以外は全体の順位が低いので不一致。またアイスランドを除く他の先進国の各分野の順位はむしろ低いと言えるので、②も不一致。ルワンダやフィリピンといった経済的にはまだ途上中である国の順位が、多くの項目で高いことを考えると、③は一致していると言える。はっきりとは述べられていないが、日本はこれらの国の中で3つの項目において最下位である。つまり、男女平等において世界の他の国に相当な後れをとっていると判断できる。この点を踏まえると、日本が女性の社会進出の支援をしてきたとはとうてい考えられないので、④は不一致となる。このような表は図と違い、視覚的な特徴が少ない。時間のゆとりがない場合は、縦軸と横軸だけを確認し、選択肢を1つずつ該当箇所と照らし合わせて判断していくとアプローチしやすい。

日本語訳

ワークシート

- 今日のトピック：世界のジェンダーギャップの現状

- 上位10カ国

	国の数
1. 北欧	5
2. 東アジアと太平洋地域	2
3. アフリカ	2
4. ラテンアメリカ	1

●各分野ごとのまとめ

分野	格差（大きい／小さい）	説明
経済活動への参加と機会	大きい	昨年からごくわずかな進歩が見られた
教育の達成	小さい	半分以上の国で少なくとも格差の99%が埋められた
健康と生存	小さい	すべての国が少なくとも格差の90%を埋めた
政治における権限	大きい	ジェンダーギャップは昨年から変わっていない

問27〜32

❶あなたは世界のジェンダーギャップの現状についてどの程度知っているだろうか？　❷2006年以降調査が行われており、今年度の平均スコアは68%となっている。❸上位10カ国は、ノルウェーやスウェーデンといった北欧諸国から5カ国、ニュージーランドのような東アジアと太平洋地域から2カ国、ルワンダのようなアフリカ大陸から2カ国、そしてラテンアメリカから1カ国となっている。

❹最終的なスコアは4つの基本となる分野である「経済活動への参加と機会」「教育の達成」「健康と生存」「政治における権限」でのジェンダーギャップにもとづくものである。

❺これら4つの分野の中で、最も大きな開きが見られるのは、「政治における権限」である。❻埋められた格差はほんの23%で、昨年から変わっていないのだが、このことは、女性の声が政策決定の過程で反映されていないことを意味している。

❼格差が大きいもう一つの分野は、「経済活動への参加と機会」である。❽埋められた格差は60%にすぎず、前年度から若干の改善が見られた。❾この数字は、多くの女性が管理職やそれ以上の地位に就くのにいまだに苦労していることを示している。

❿対照的に、「教育の達成」における男女の格差は非常に小さい。⓫80を超える国が、少なくとも格差の99%を埋めた。⓬しかしながら、読み書きの能力となると、依然として書くことができない女性が存在するのである。

⓭これまでに完全な平等を達成した国は存在しないが、「健康と生存」の格差は一番小さく、すべての国が格差の90%以上を埋めている。⓮平均寿命の点では、ほぼすべての国で女性は男性よりも長生きする傾向がある。

問33

❶では、世界の順位をまとめた表を見てみよう。❷世界のさまざまな地域から、数カ国が選ばれている。❸表には先進国と途上国の両方が載っている。❹それらを比較することで、この表から何がわかるだろうか？

第6問 異なる話し手の意見を聴き、その趣旨を把握する問題

Ⓐ 2人の長めの対話から双方の趣旨を探る問題 やや難

イントロダクション

Ⓐは、留学先をどこにするかについて、2人の主張を聴き取る問題である。ただたんにキーワードを聴き取り、その周辺から正解を判断するだけではなく、複数の発言から趣旨をつかんで正解を選ぶ力が求められる。

問34・35

放送文

Wan: ❶ Where are you planning to go for the study abroad program?

Kazu: ❷ I'm thinking about studying in the U.S. ❸ How about you?

Wan: ❹ Actually, I haven't decided yet, but probably I'll choose somewhere in South East Asia, like the Philippines. ❺ I heard people there are very nice and friendly.

Kazu: ❻ Well, we have to improve our English, and I heard that people in the Philippines speak English with an accent. ❼ Are you OK with that?

Wan: ❽ What's wrong with that? ❾ You don't have to speak English like native speakers. ❿ The more important thing is the contents rather than the way you speak.

Kazu: ⓫ You have a point. ⓬ But still, I would like to speak English like a movie star.

Wan: ⓭ Maybe, you watch American movies too much.

Kazu: ⓮ You're right. ⓯ That's why I choose the U.S.

Wan: ⓰ I hope you won't become a boring English speaker.

語句・文法

❷ • **I'm thinking about Ving**：「Vしようかと考えているところだ」

❺ • friendly：形「友好的な」 ❻ • accent：名「なまり」

❼ • with ～：前「～について・～に関して」関連を表す ❽の with も同様

❽ • **What's wrong with ～?**：「～の何がおかしい[悪い]のか？」

❿ • content：名「中身・内容」 ❿ • **rather than ～**：「～というよりもむしろ」

⑪ • **you have a point**：「一理ある・的を射ている・そのとおりだ」相手が言ったことが正しいときに用いる　⑮ • **that's why** S' V' 〜：「そういう訳で S' は V' する」
⑯ • boring：形「退屈させる・つまらない」

設問解説

問 34

34　正解：④　やや難

カズの趣旨は何か？
① 「東南アジアで英語を学習することは、私たちが友好的になるのに役立つ」
② 「東南アジアで英語を学習することは、私たちの英語のライティングを高めてはくれない」
③ 「アメリカで英語を学習することはまた、私たちが映画について学習するのに役立つ」
④ 「アメリカで英語を学習することは、私たちが英語を流ちょうに話すようながす」
• **encourage** O **to** V：「O を V するよう励ます[うながす]」
• fluently 副：「流ちょうに」

ワンの❹の発言で South East Asia, like the Philippines が出てくる。ここでキーワードがヒットする。これに対しカズは❻で「フィリピンの人は英語がなまっている」と述べ、英語の発音を気にしているのがわかる。またカズの⓬「映画俳優のように英語を話したい」と、⓯「そういう訳でアメリカを選ぶ」から、アメリカで英語を流ちょうに話せるようになりたがっていると判断できる。よって④が正解。②は最後が writing となっているが、ここでは発音が話題となっている。

KW：Studying English / South East Asia / friendly / writing / the U.S. / movies / fluently ➡ 東南アジアか北米？　選択理由は？

問 35

35　正解：③　標準

ワンの趣旨は何か？
① 「留学の目的は、友達をつくることである」
② 「留学の目的は、外国語の話し方を習得することである」
③ 「私たちは話し方よりも話す内容をもっと重視するべきである」
④ 「あまりに頻繁に映画を観ると、私たちが英語を学習する妨げとなる」
• **put emphasis on 〜**：「〜を重視する」
• **prevent + O + from Ving**：「O が V するのを妨げる」

ワンの発言⑩The more important thingがキーワードとなる。実際に選択肢では用いられていない表現だが、「主な主張を探る問題」においては最大のヒントとなる。すると直後で「話し方よりも内容だ」と言っているので、③が正解。①の make friends は「友達をつくる」であり、⑤の friendly は「フィリピン人は友好的」と言っているだけなので少しずれる。⑤でたしかに「映画の観すぎだ」と言っているが、それが英語学習を妨げるとまでは言っていないので、④は不適切。

KW：goal / friends / speak / emphasis / what we speak / how we speak / movies / prevent ➡ 留学の目的は？　話し方よりも内容？

日本語訳

ワン：❶ 留学プログラムでどこに行く予定なの？

カズ：❷ アメリカに留学しようかと考えているよ。❸ 君はどうするの？

ワン：❹ じつはまだ決めていなくて。でもおそらく、東南アジアのどこかにすると思う。たとえばフィリピンとか。❺ フィリピンの人たちは優しくて友好的だと聞いたの。

カズ：❻ えーと、僕らは英語を磨かなきゃいけなくて、それで、フィリピンの人たちはなまった英語を話すって聞いたよ。❼ その点に関してはあなたはかまわないの？

ワン：❽ それの何が悪いの？　❾ 英語をネイティブスピーカーのように話す必要なんてないのよ。❿ より重要なのは、話し方ではなく中身よ。

カズ：⓫ 一理あるね。⓬ それでも、僕は映画俳優のように英語を話したいんだ。

ワン：⓭ どうやらアメリカ映画の観すぎみたいね。

カズ：⓮ 君の言うとおり。⓯ だからアメリカにするんだ。

ワン：⓰ 退屈な英語をしゃべる人にならないことを願うわ。

B 共通のテーマに対する発言者それぞれの趣旨を把握する問題 　やや難

イントロダクション

このBは、試行調査問題の形式に沿って、最近の留学の動向について複数人の意見を聴き取り、賛成派か反対派かを判断し、さらに発言の趣旨と合う図表を選ぶ問題である。問 37 は放送前のチェックが非常に重要になるので、図表の内容を素早く読み取るトレーニングを積んでおきたい。

問 36・37

放送文

イギリス英語

Moderator: ❶ Thank you for your presentation, Professor Smith. ❷ You spoke about a group of students who improved their English skills through an experience in countries in South East Asia.

Professor Smith: ❸ That's right. ❹ Studying in South East Asia helps students improve their language skills. ❺ Moreover, as I mentioned earlier, prices are low; from school fees to accommodations.

Moderator: ❻ OK, now it's time to ask our audience for their comments. ❼ Anyone ...? ❽ Yes, you, sir.

Ryo: ❾ Hi, I'm Ryo. ❿ Most of my friends are planning to study in countries where the national language is English, such as the U.K., Canada, the U.S., and Australia. ⓫ When it comes to pronunciation, it seems studying in one of these countries will be more advantageous. ⓬ What do you think about this point?

Professor Smith: ⓭ A few decades ago, people tried to master either British or American English, but now times have changed. ⓮ Statistics show that more people speak English as a second language.

Ryo: ⓯ Well, I've heard that. ⓰ But still, language learners should at least try to master the correct pronunciation.

Professor Smith: ⓱ I understand. ⓲ Like I said before, as the world becomes increasingly globalized, English has taken another role as a business tool. ⓳ Now, more and more companies are making English the official language in the workplace. ⓴ This reflects the emergence of "Business English."

Moderator: ㉑ Anyone else? ㉒ Yes, please.

Kim: ㉓ Hi, I'm Kim. ㉔ I would like to know how low costs help students.

Professor Smith: ㉕ Thanks to low tuition fees and living expenses, students who don't have financial support can study abroad and in some cases, they can extend their stays.

Kim: ㉖ I see. ㉗ One of my roommates is now studying at a University in the Philippines. ㉘ She told me the total money she spends a month is much less than the money she paid when she studied here. ㉙ She seems to be enjoying her stay now.

Moderator: ㉚ Suddenly, countries in South East Asia sound like desirable study destinations. ㉛ OK, let's hear from another person.

語句・文法

❶ • presentation：名「発表」 ❷ • experience：名「経験」
❹ • **help O to V：「OがVするのを助ける［手伝う］」to は省略されやすい**
❺ • **moreover：**副「**さらに**」 ❺ • **as I mentioned earlier：「以前述べたように」**
❺ • price：名「価格・物価」「物価」の意味では prices と複数形になる ❺ • fee：名「1. 報酬 2. 授業料」ここでは2の意味 ❺ • accommodation：名「宿泊設備」
❻ • audience：名「聴衆・観客」
⓫ • **when it comes to** 名詞［**Ving**］**：「～のこととなると」** ⓫ • pronunciation：名「発音」スペル注意 ⓫ • advantageous：形「有利な・都合の良い」
⓭ • **times have changed：「時代は変わった」**
⓮ • statistics：名「1. 統計（複数扱い） 2. 統計学（単数扱い）」ここでは1の意味
⓲ • **like**＋S＋V ～**：「SがVするように」** ⓲ • increasingly：副「ますます・だんだん」 ⓲ • role：名「役割」
⓳ • official language：「公用語」 ⓳ • workplace：名「職場」
⓴ • reflect：他「～を反映する・反射する」 ⓴ • emergence：名「出現」
㉕ • **thanks to ～：**「～のおかげで」 ㉕ • tuition fee：「授業料」 ㉕ • living expenses：「生活費」 ㉕ • financial：形「財政上の・金銭面の」 ㉕ • **case：**名「**1. 場合 2. 事例 3. 事実、真相 4. 症例、患者 5. 事件**」ここでは1の意味
㉕ • extend：他「～を延長する」
㉚ • desirable：形「望ましい」 ㉚ • destination：名「目的地」

設問解説

問 36

36 正解：③ やや難 思

スミス教授は選びやすい。司会の最初の発言から、教授が❷「東南アジアでの経験から英語力を高めた学生の話をした」ことがわかる。そのあと

谷川　学（たにがわ　まなぶ）

神奈川県横須賀市出身。上智大学外国語学部英語学科卒業。代々木ゼミナール英語科講師。サッカー一筋だった高2の冬、突如「英語が話せたら将来楽しいのではないか？」と思い立ち、英語学習に開眼。以来、英語学習と異文化交流の楽しさにはまってしまい、気がつけば英語漬けの日々に。首都圏の塾や予備校、英会話スクールの講師を経て、現在は代々木ゼミナールにて読解講座からリスニング、英作文まで幅広く担当。「英語がもたらす異文化交流の楽しさ」を一人でも多くの生徒に伝えるべく、レギュラー授業のみならず、各地で開催されるイベント講義やセミナーにて幅広く活躍中。

改訂版　大学入学共通テスト
英語［リスニング］予想問題集

2021年7月27日　初版発行

著者／谷川 学
発行者／青柳 昌行
発行／株式会社KADOKAWA
〒102-8177　東京都千代田区富士見2-13-3
電話　0570-002-301（ナビダイヤル）

印刷所／株式会社加藤文明社印刷所

●お問い合わせ
https://www.kadokawa.co.jp/（「お問い合わせ」へお進みください）
※内容によっては、お答えできない場合があります。
※サポートは日本国内のみとさせていただきます。
※Japanese text only

定価はカバーに表示してあります。

ISBN 978-4-04-605188-2　C7082

スマホで音声をダウンロードする場合

TOEIC 対策支援アプリ

abceed

Android・iPhone 対応

〈サービスの特徴〉

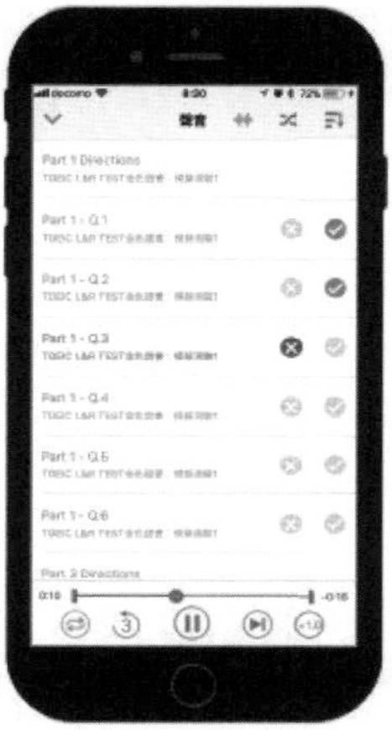

①音声機能（無料）
教材の音声をアプリから無料でダウンロードしてご利用いただけます。倍速再生、区間リピートなど、学習に便利な機能付き！

②自動採点分析機能（無料）
教材に対応したマークシートで、タップでマーク、ボタンひとつで自動採点・分析が行えます。

③学習機能（有料）
教材はアプリ上でも学習可能。紙の教材と組み合わせて効果的に学習しましょう！

④プレミアム機能（有料）
ディクテーション機能や複数教材をまたいだ分析など、さらに便利な機能をご利用いただけます。

ご利用の場合は、下記の QR コードまたは URL より、スマホにアプリをダウンロードしてください

https://www.globeejapan.com/

*abceed は株式会社 Globee の商品です。
* サービスは予告なく変更・終了する場合がございます。

アの国が入っておらず、むしろリョウの発言の趣旨を表すものとなっている。

KW：annual cost / international student / study abroad destination / companies making English the official language ➡ 記載されている国は、アラブ首長国連邦以外は英語圏

日本語訳

司会：❶ 発表ありがとうございます、スミス教授。❷ あなたは東南アジアの国々での経験を通して英語力を高めた学生のグループについて話してくれました。

スミス教授：❸ そのとおりです。❹ 東南アジアで学習することで、学生たちは語学能力を高めることができます。❺ さらに、先ほど述べたように、学費から宿泊施設まで、物価が安いです。

司会：❻ さて、それでは会場の皆さんに意見をうかがってみましょう。❼どなたか…? ❽ はい、あなた。

リョウ：❾ どうも、私はリョウです。❿ 私の友人のほとんどがイギリスやカナダ、アメリカやオーストラリアといった、国の言語が英語である国で学習する計画を立てています。⓫ 発音のことを考えると、これらの国のいずれかで学習するほうが有利であるように思えます。⓬ この点についてどうお考えでしょうか？

スミス教授：⓭ 数十年前は、世の人々はイギリス英語かアメリカ英語のどちらかを習得しようとしていましたが、いまや時代は変わりました。⓮ 統計によると、より多くの人が英語を第二言語として話しています。

リョウ：⓯ なるほど、それは聞いたことがあります。⓰ しかしそれでも、言語を学習する者は少なくとも正しい発音を身につけようとすべきです。

スミス教授：⓱ わかります。⓲ 先ほど申し上げたように、世界がますますグローバル化するにつれて、英語はビジネスツールとしてもう一つの役割を担うようになったのです。⓳ いまや、英語を職場での社内公用語にしている企業が増えています。⓴ このことは「ビジネス英語」の出現を反映しているのです。

司会：㉑ 他にどなたかいますか？　㉒ はい、どうぞ。

キム：㉓ どうも、私はキムです。㉔ 私は、費用が安いと学生はどのような点で助かるのかを知りたいです。

スミス教授：㉕ 授業料や生活費が安いおかげで、経済的な援助を得られない学生が留学できますし、いくつかの場合では、滞在期間を延長することができます。

キム：㉖ なるほど。㉗ 私のルームメイトの1人が今フィリピンの大学で勉強しています。㉘ 1カ月に使う合計額が、ここで勉強していたときよりもはるかに少ないと彼女は私に教えてくれました。㉙ 今はどうやら滞在を満喫しているようです。

司会：㉚ 急に、東南アジアの国々が望ましい留学先に思えてきました。㉛ それでは、もう一人意見を聞いてみましょう。

も❹「学生が語学力を高めるのに役立つ」、❺「物価が安い」、㉕「授業料と生活費が安いため、金銭面での支援がなくても留学でき、滞在も延ばせる」と述べており、これらが完全に聴き取れなくても前向きな内容しか述べていないのはある程度わかるはずである。リョウは❿「友人のほとんどが英語圏に留学する」、⓫で「発音に関しては英語圏のほうが有利」、さらに⓰「正しい発音を身につけようとすべき」と述べていることから、東南アジアへの留学に好意的とは考えられない。⓫の **advantageous** や⓰の **should ～ the correct pronunciation** あたりが聴き取れるかどうかがポイントとなる。キムは㉗「ルームメイトの1人が今フィリピンの大学で学んでいる」、㉘「1カ月に使うお金がここで勉強したときよりはるかに安い」、そして最後㉙「ルームメイトは滞在を満喫している」と述べている。はっきりと自分の意見を述べているわけではないが、ルームメイトの話を紹介しながらフィリピンへの留学を肯定的に考えているのがうかがえる。司会者はこのような場合、中立の立場をとって議論を進めていくはずで、実際この問題でもその姿勢を貫くのだが、最後の最後㉚で「東南アジアの国々が、急に望ましい留学先に思えてきた」と述べ、主観を出している。このような問題が実際に出題されるかは定かではないが、司会＝中立と決めつけて最初から除外するのは避けたい。

問 37

37　**正 解**：④　標準　思

＊以下、①～④はそれぞれの選択肢の図表の概要を表している。

①「留学生にかかる年間の費用の平均額（ほぼ英語圏）」
②「留学する学生の数がピーク時から一度減少し、そのあと少し増加」
③「留学先上位5カ国（すべて英語圏）」
④「英語を社内公用語とする企業の数が年々増加」
- annual 形「毎年の」

　この問題は放送前に上に示したような各図表の内容がチェックできていないと焦ってしまうかもしれないが、逆にしっかりとチェックが済んでいれば解きやすいはずである。④の図の内容をおさえていれば、スミス教授の⓳の発言の **companies** と **the official language** が**キーワード**となり、「英語を公用語とする企業が増えている」という内容から、これが正解と判断できるはずである。費用について、スミス教授はたしかに❺と㉕で話しているが、その内容は東南アジアは安いというものであり、東南アジアの国が載っていない①の表からは読み取れない。②の留学生の推移に関してはいっさい触れていない。③の留学先上位5カ国は英語圏ばかりで東南アジ

改訂版

大学入学共通テスト

英語［リスニング］予想問題集

別冊

問題編

この別冊は本体に糊付けされています。
別冊を外す際の背表紙の剥離等については交換いたしかねますので、本体を開いた状態でゆっくり丁寧に取り外してください。

改訂版　大学入学共通テスト
英語［リスニング］予想問題集　別冊もくじ

別　冊

問題編

本　冊

分析編

解答・解説編

2021年1月実施

共通テスト・第1日程

100点／60分（※解答時間30分）

第１問 （配点　25） 音声は２回流れます。

第１問はＡとＢの二つの部分に分かれています。

A　第１問Ａは問１から問４までの４問です。英語を聞き、それぞれの内容と最もよく合っているものを、四つの選択肢（①～④）のうちから一つずつ選びなさい。

問１　［ 1 ］

① The speaker does not want any juice.
② The speaker is asking for some juice.
③ The speaker is serving some juice.
④ The speaker will not drink any juice.

問２　［ 2 ］

① The speaker wants to find the beach.
② The speaker wants to know about the beach.
③ The speaker wants to see a map of the beach.
④ The speaker wants to visit the beach.

問 3 [3]

① Yuji is living in Chiba.
② Yuji is studying in Chiba.
③ Yuji will begin his job next week.
④ Yuji will graduate next week.

問 4 [4]

① David gave the speaker ice cream today.
② David got ice cream from the speaker today.
③ David will get ice cream from the speaker today.
④ David will give the speaker ice cream today.

B 第1問Bは問5から問7までの3問です。英語を聞き、それぞれの内容と最もよく合っている絵を、四つの選択肢(①～④)のうちから一つずつ選びなさい。

問5 [5]

①

②

③

④

問6 [6]

①

②

③

④

問7 [7]

①

②

③

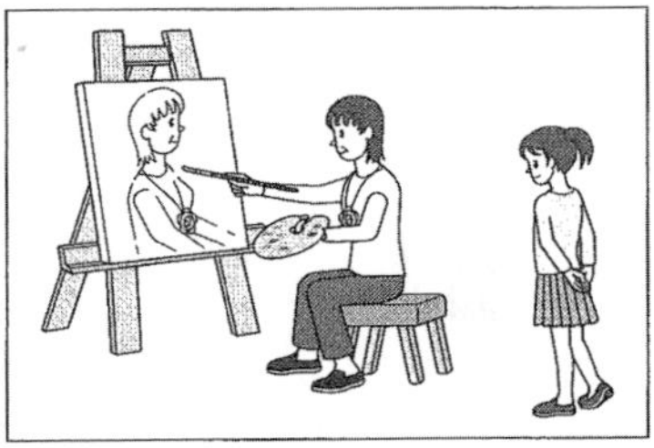

④

第2問 （配点　16） 音声は2回流れます。

第2問は**問8**から**問11**までの4問です。それぞれの問いについて、対話の場面が日本語で書かれています。対話とそれについての問いを聞き、その答えとして最も適切なものを、四つの選択肢(①～④)のうちから一つずつ選びなさい。

問8　Mariaの水筒について話をしています。　**8**

①

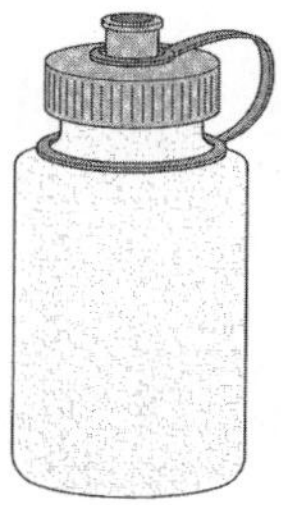

②

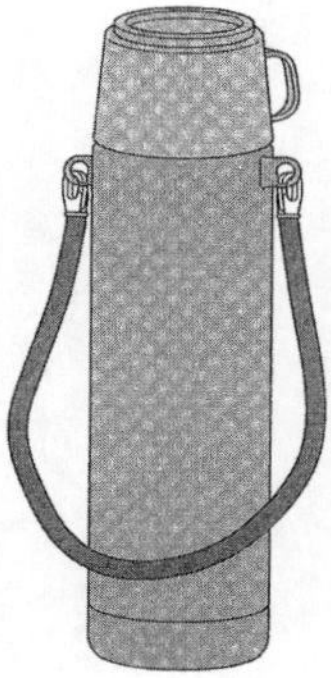

③

④

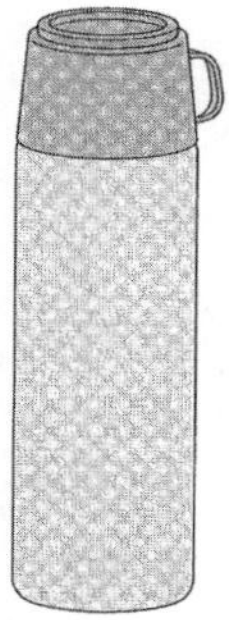

問9　コンテストでどのロボットに投票するべきか、話をしています。

9

①

②

③

④

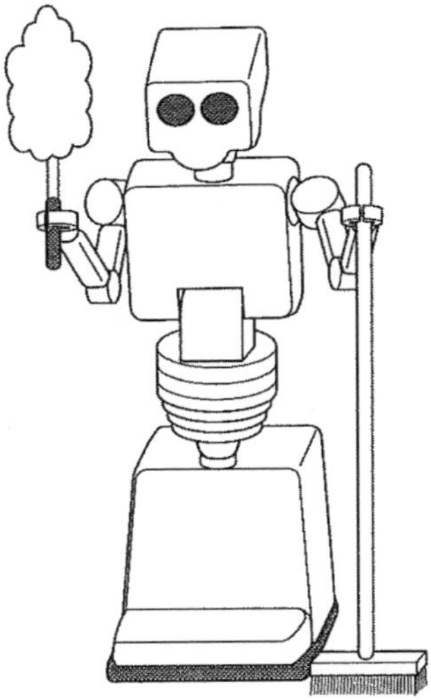

問 10　父親が、夏の地域清掃に出かける娘と話をしています。 10

①

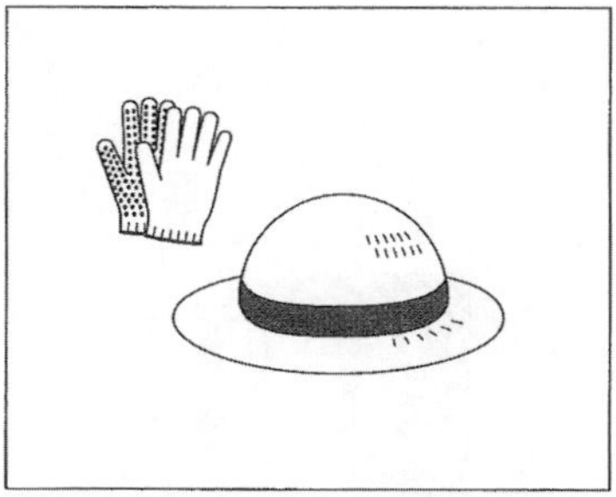

②

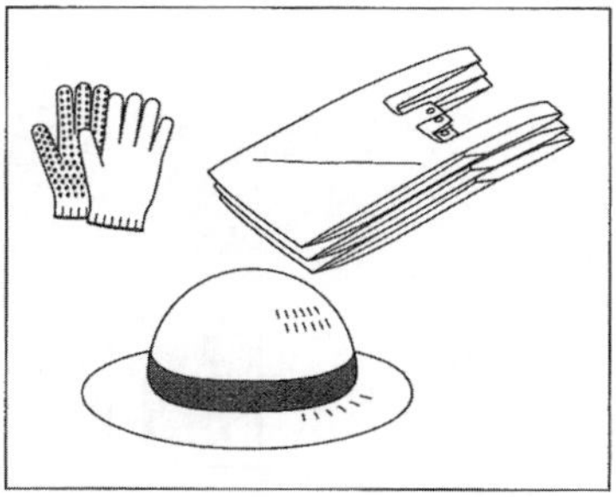

③

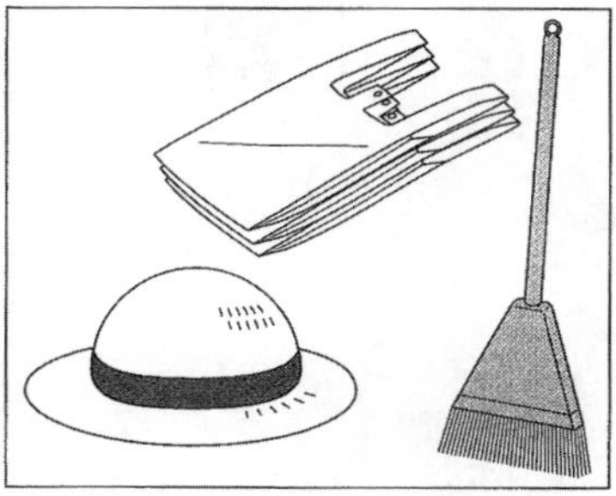

④

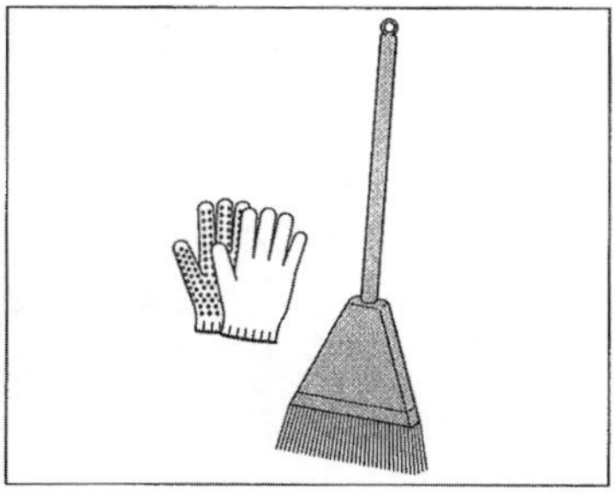

問 11　車いすを使用している男性が駅員に質問をしています。　11

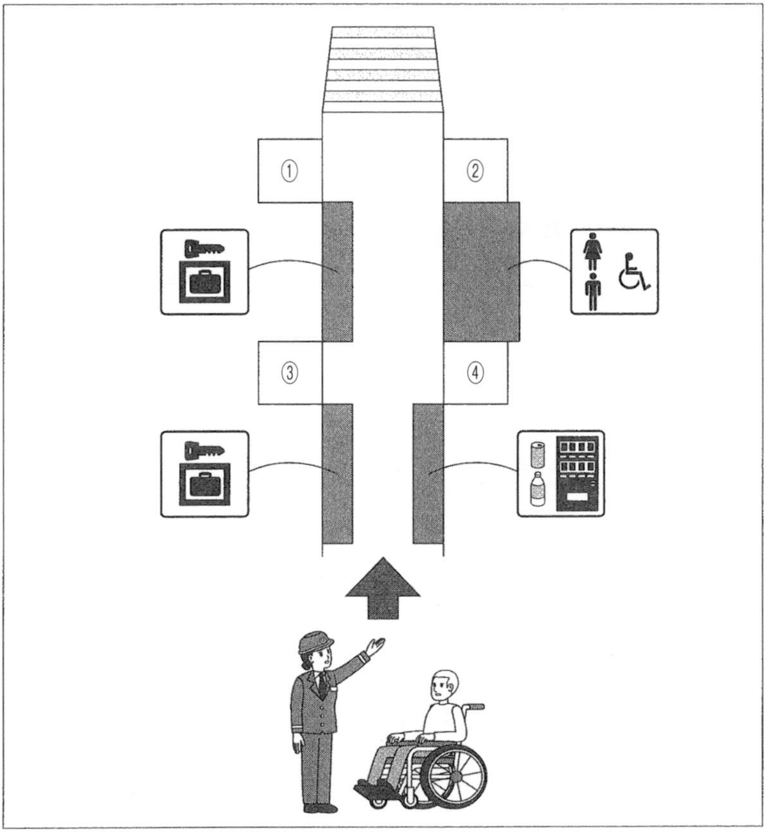

第3問 （配点　18） <u>音声は1回流れます</u>。

第3問は**問**12から**問**17までの6問です。それぞれの問いについて、対話の場面が日本語で書かれています。対話を聞き、問いの答えとして最も適切なものを、四つの選択肢（①～④）のうちから一つずつ選びなさい。（問いの英文は書かれています。）

問12　同窓会で先生が卒業生と話をしています。

What does the teacher have to do on April 14th? [12]

① Attend a meeting
② Have a rehearsal
③ Meet with students
④ See the musical

問13　台所で夫婦が食料品を片付けています。

What will be put away first? [13]

① Bags
② Boxes
③ Cans
④ Containers

問 14　職場で女性が男性に中止になった会議について尋ねています。

Which is true according to the conversation? [14]

① The man didn't make a mistake with the email.
② The man sent the woman an email.
③ The woman didn't get an email from the man.
④ The woman received the wrong email.

問 15　イギリスにいる弟が、東京に住んでいる姉と電話で話をしています。

What does the woman think about her brother's plan? [15]

① He doesn't have to decide the time of his visit.
② He should come earlier for the cherry blossoms.
③ The cherry trees will be blooming when he comes.
④ The weather won't be so cold when he comes.

問 16　友人同士が野球の試合のチケットについて話をしています。

Why is the man in a bad mood? [16]

① He couldn't get a ticket.
② He got a ticket too early.
③ The woman didn't get a ticket for him.
④ The woman got a ticket before he did.

問 17　友人同士が通りを歩きながら話をしています。

What did the woman do? [17]

① She forgot the prime minister's name.
② She mistook a man for someone else.
③ She told the man the actor's name.
④ She watched an old movie recently.

第4問 （配点 12） 音声は1回流れます。

第4問はAとBの二つの部分に分かれています。

A 第4問Aは問18から問25の8問です。話を聞き、それぞれの問いの答えとして最も適切なものを、選択肢から選びなさい。問題文と図表を読む時間が与えられた後、音声が流れます。

問18〜21 あなたは、授業で配られたワークシートのグラフを完成させようとしています。先生の説明を聞き、四つの空欄 18 〜 21 に入れるのに最も適切なものを、四つの選択肢（①〜④）のうちから一つずつ選びなさい。

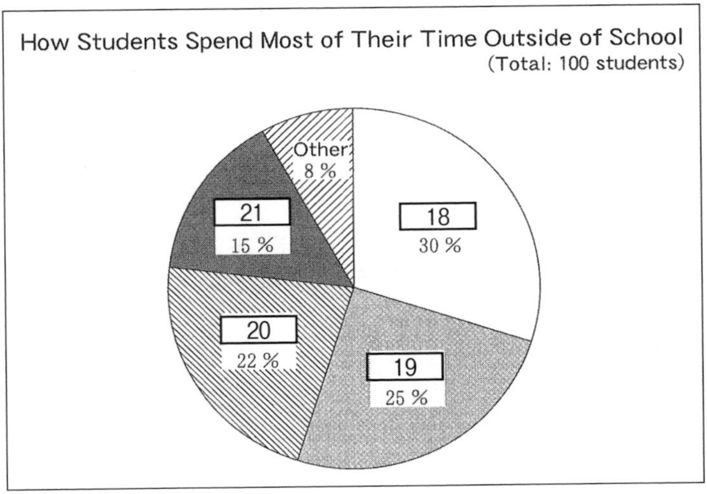

① Going out with friends
② Playing online games
③ Studying
④ Working part-time

問 22〜25　あなたは、留学先のホストファミリーが経営している DVD ショップで手伝いをしていて、DVD の値下げについての説明を聞いています。話を聞き、下の表の四つの空欄 22 〜 25 に入れるのに最も適切なものを、五つの選択肢（①〜⑤）のうちから一つずつ選びなさい。選択肢は 2 回以上使ってもかまいません。

Titles	Release date	Discount
Gilbert's Year to Remember	1985	
★ Two Dogs and a Boy	1997	22
Don't Forget Me in the Meantime	2003	23
★ A Monkey in My Garden	2007	24
A Journey to Another World	2016	
A Moment Frozen in a Memory	2019	25

① 10%
② 20%
③ 30%
④ 40%
⑤ no discount

B

第4問Bは問26の1問です。話を聞き、示された条件に最も合うものを、四つの選択肢(①〜④)のうちから一つ選びなさい。下の表を参考にしてメモを取ってもかまいません。**状況と条件を読む時間が与えられた後、音声が流れます。**

状況

あなたは、旅行先のニューヨークで見るミュージカルを一つ決めるために、四人の友人のアドバイスを聞いています。

あなたが考えている条件

A．楽しく笑えるコメディーであること

B．人気があること

C．平日に公演があること

Musical titles	Condition A	Condition B	Condition C
① It's Really Funny You Should Say That!			
② My Darling, Don't Make Me Laugh			
③ Sam and Keith's Laugh Out Loud Adventure			
④ You Put the 'Fun' in Funny			

問 26 " [26] " is the musical you are most likely to choose.

① It's Really Funny You Should Say That!
② My Darling, Don't Make Me Laugh
③ Sam and Keith's Laugh Out Loud Adventure
④ You Put the 'Fun' in Funny

第5問 （配点　15） 音声は1回流れます。

第5問は問27から問33の7問です。

最初に講義を聞き、問27から問32に答えなさい。次に続きを聞き、問33に答えなさい。状況・ワークシート、問い及び図表を読む時間が与えられた後、音声が流れます。

状況

あなたはアメリカの大学で、幸福観についての講義を、ワークシートにメモを取りながら聞いています。

ワークシート

○ **World Happiness Report**

· Purpose: To promote 〔 27 〕 happiness and well-being

· Scandinavian countries: Consistently happiest in the world (since 2012)

Why? ⇒ "**Hygge**" lifestyle in Denmark

↓ spread around the world in 2016

○ **Interpretations of Hygge**

	Popular Image of Hygge	Real Hygge in Denmark
What	28	29
Where	30	31
How	special	ordinary

問 27　ワークシートの空欄 27 に入れるのに最も適切なものを、四つの選択肢(①～④)のうちから一つ選びなさい。

① a sustainable development goal beyond
② a sustainable economy supporting
③ a sustainable natural environment for
④ a sustainable society challenging

問 28～31　ワークシートの空欄 28 ～ 31 に入れるのに最も適切なものを、六つの選択肢(①～⑥)のうちから一つずつ選びなさい。選択肢は2回以上使ってもかまいません。

① goods	② relationships	③ tasks
④ everywhere	⑤ indoors	⑥ outdoors

問 32　講義の内容と一致するものはどれか。最も適切なものを、四つの選択肢(①～④)のうちから一つ選びなさい。 32

① Danish people are against high taxes to maintain a standard of living.
② Danish people spend less money on basic needs than on socializing.
③ Danish people's income is large enough to encourage a life of luxury.
④ Danish people's welfare system allows them to live meaningful lives.

問 33　講義の続きを聞き、下の図から読み取れる情報と講義全体の内容からどのようなことが言えるか、最も適切なものを、四つの選択肢（①〜④）のうちから一つ選びなさい。 33

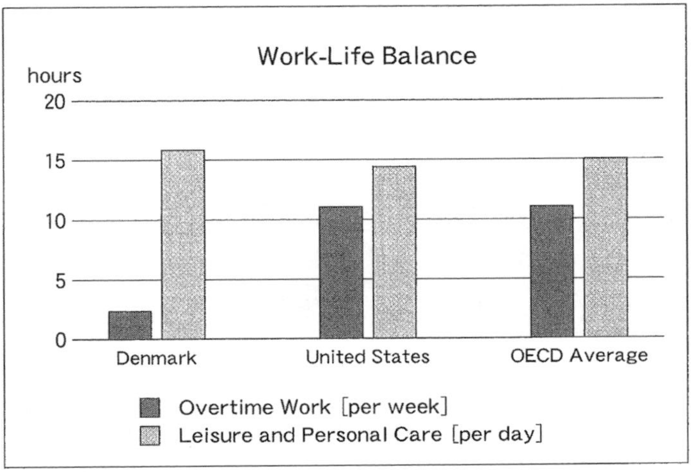

① People in Denmark do less overtime work while maintaining their productivity.

② People in Denmark enjoy working more, even though their income is guaranteed.

③ People in OECD countries are more productive because they work more overtime.

④ People in the US have an expensive lifestyle but the most time for leisure.

第6問 （配点　14） 音声は１回流れます。

第６問はＡとＢの二つの部分に分かれています。

A

第６問Ａは問34・問35の２問です。二人の対話を聞き、それぞれの問いの答えとして最も適切なものを、四つの選択肢（①〜④）のうちから一つずつ選びなさい。（問いの英文は書かれています。）状況と問いを読む時間が与えられた後、音声が流れます。

> 状況
> Jane が Sho とフランス留学について話をしています。

問34 **What is Jane's main point?** [34]

① A native French-speaking host family offers the best experience.
② Having a non-native dormitory roommate is more educational.
③ Living with a native speaker shouldn't be a priority.
④ The dormitory offers the best language experience.

問35 **What choice does Sho need to make?** [35]

① Whether to choose a language program or a culture program
② Whether to choose the study abroad program or not
③ Whether to stay with a host family or at the dormitory
④ Whether to stay with a native French-speaking family or not

B

第6問Bは問36・問37の2問です。会話を聞き、それぞれの問いの答えとして最も適切なものを、選択肢のうちから一つずつ選びなさい。下の表を参考にしてメモを取ってもかまいません。**状況と問いを読む時間が与えられた後、音声が流れます。**

状況
四人の学生（Yasuko, Kate, Luke, Michael）が、店でもらうレシートについて意見交換をしています。

Yasuko	
Kate	
Luke	
Michael	

問36　会話が終わった時点で、レシートの電子化に**賛成した人**は四人のうち何人でしたか。四つの選択肢（①～④）のうちから一つ選びなさい。　36

① 1人
② 2人
③ 3人
④ 4人

問 37　会話を踏まえて、Luke の意見を最もよく表している図表を、四つの選択肢(①～④)のうちから一つ選びなさい。 37

①

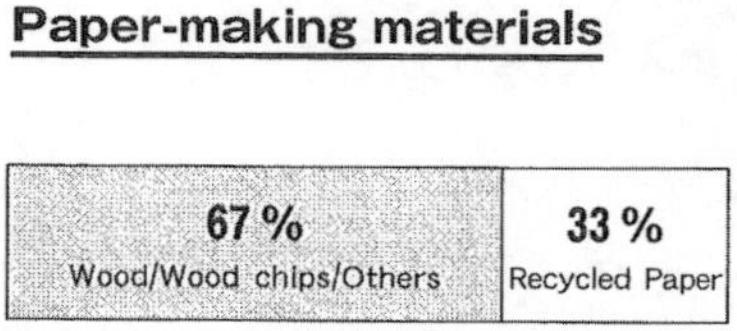

②

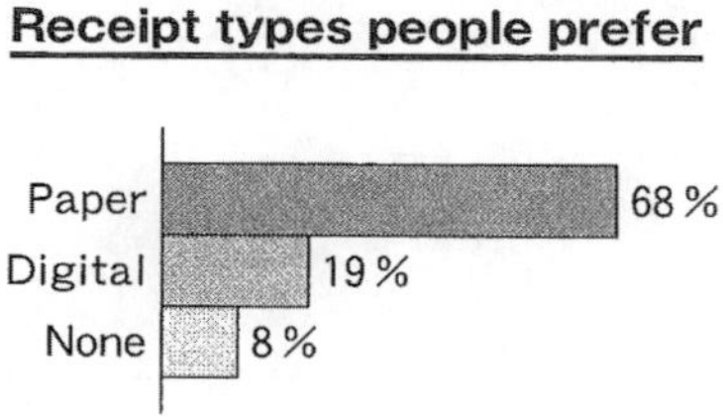

③

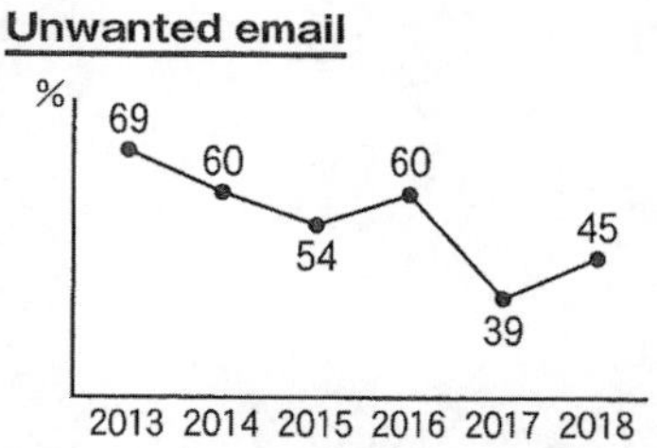

④

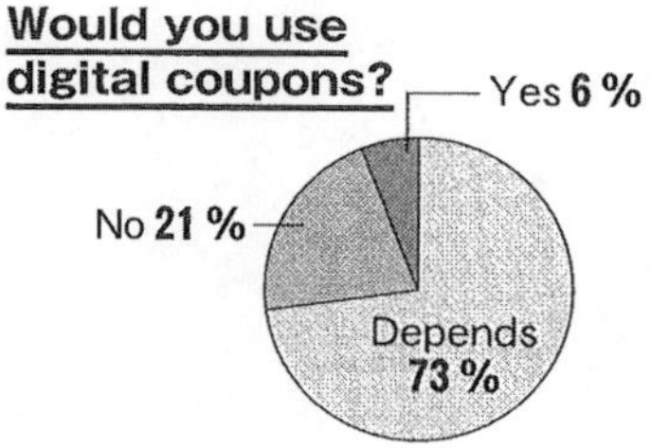

予想問題・第1回

100点／60分（※解答時間30分）

第１問 （配点　25） 音声は２回流れます。

第１問はＡとＢの二つの部分に分かれています。

A 第１問Ａは問１から問４までの４問です。それぞれの問いについて、聞こえてくる英文の内容に最も近い意味の英文を、四つの選択肢（①〜④）のうちから一つずつ選びなさい。

問１ [1]

① The speaker gave up answering the question.
② The speaker is trying to answer the question.
③ The speaker answered the question within a few minutes.
④ The speaker thinks that the question is not difficult.

問２ [2]

① The speaker wants to know when the train will arrive.
② The speaker wants to know if the station has parking lots.
③ The speaker wants to know the address of the station.
④ The speaker wants to know the distance to the station.

問 3 [3]

① Hiroshi was working on his project at school.
② Hiroshi came home after he had finished his project.
③ Hiroshi is doing his project at home.
④ Hiroshi came home and finished his project.

問 4 [4]

① The speaker wants to see him tonight.
② Susan wants to see him tonight.
③ The speaker wants Susan to meet him later.
④ The speaker is not going to see him this evening.

B

第１問Ｂは問５から問７までの３問です。それぞれの問いについて、聞こえてくる内容に最も近い絵を、四つの選択肢（①〜④）のうちから一つずつ選びなさい。

問５　［５］

①

②

③

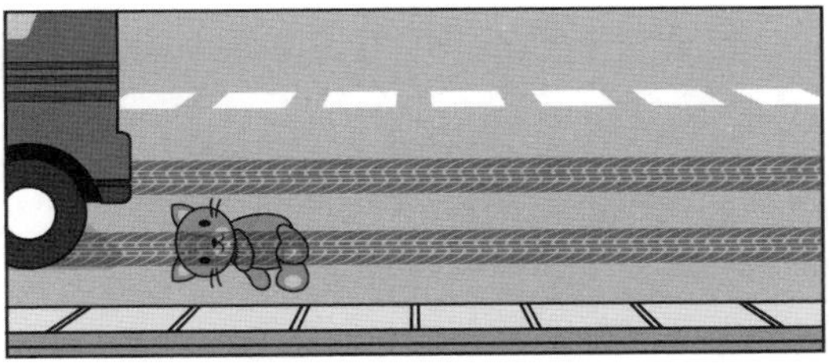

④

問6 [6]

①

②

③

④

問 7 [7]

①

②

③

④

第2問 （配点 16） 音声は2回流れます。

第2問は問8から問11までの4問です。それぞれの問いについて、対話の場面が日本語で書かれています。対話とそれについての問いを聞き、その答えとして最も適切なものを、四つの選択肢（①〜④）のうちから一つずつ選びなさい。

問8 母親がこれからキャンプに出かける息子と話しています。 [8]

①

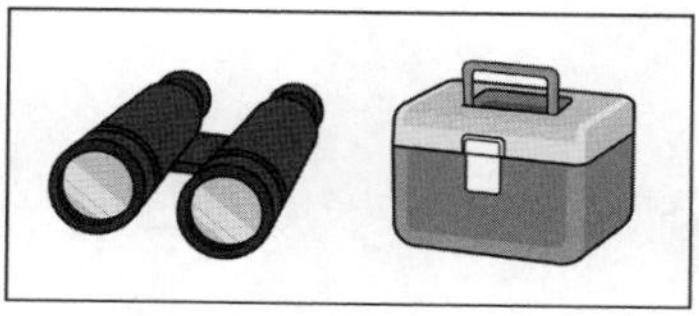

②

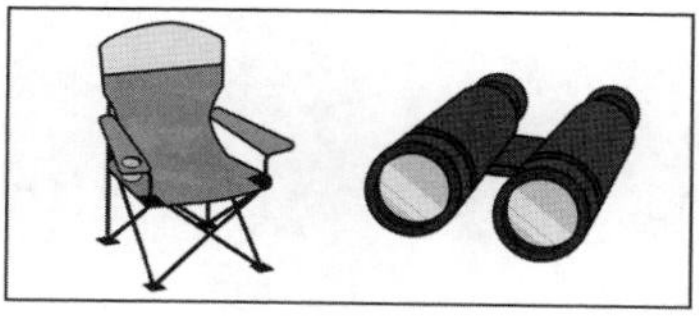

③

④

問9　娘が父親と家電売り場で話をしています。 9

①

②

③

④

問10　John がこれから買う車について話しています。 10

①

②

③

④

問 11　夫婦が家族旅行で泊まるバンガローの話をしています。　11

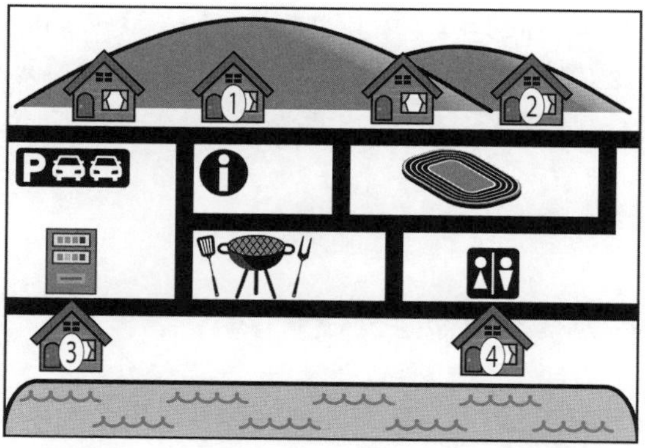

第3問 （配点　18） 音声は1回流れます。

第3問は問12から問17までの6問です。それぞれの問いについて、対話の場面が日本語で書かれています。対話を聞き、問いの答えとして最も適切なものを、四つの選択肢（①～④）のうちから一つずつ選びなさい。（問いの英文は書かれています。）

問12　友人同士が今後の予定について話しています。

Which is true about the mountain? [12]

① It is covered with snow and looks beautiful.
② The mountain looks different from how it usually looks.
③ It is reported that there will be snow on the mountain next weekend.
④ The snow on the mountain has already melted.

問13　Mike と Kate が履修科目について話しています。

Which is true according to the conversation? [13]

① Kate is thinking about taking Professor Smith's class.
② Kate thinks Professor Smith's class is interesting.
③ Mike could not learn much from Professor Smith.
④ Mike is going to take Professor Smith's class again.

問 14　大学生が登校時に話をしています。

What will the girl probably do after this? [14]

① She will prepare for the presentation in the library.
② She will keep quiet during the class.
③ She will eat lunch with the boy.
④ She will go to a shop and buy a present.

問 15　夫婦がキャンプ道具を車のトランクに載せようとしています。

What will be used first at the site? [15]

① Cooler box
② Tables
③ Chairs
④ Tent

問 16　男性が郵便局で荷物を送ろうとしています。

What will the man do next? [16]

① Send his parcel using the regular service.

② Send his parcel using the express service.

③ Send his parcel next day using the express service.

④ Decide not to send his parcel this time.

問 17　男女が天気予報をみながら話しています。

Which is true according to the conversation? [17]

① The woman did not play tennis last weekend.

② The woman will play tennis with her client tomorrow.

③ The woman will have to see her patients this weekend.

④ The weather will be not so bad this weekend.

第4問 （配点　12） 音声は1回流れます。

第4問はAとBの二つの部分に分かれています。

A

第4問Aは問18から問25の8問です。話を聞き、それぞれの問いの答えとして最も適切なものを、選択肢から選びなさい。問題文と図表を読む時間が与えられた後、音声が流れます。

問18〜21　あなたは授業で配られたワークシートのグラフを完成させようとしています。先生の説明を聞き、四つの空欄 18 〜 21 に入れるのに最も適切なものを、四つの選択肢(①〜④)のうちから一つずつ選びなさい。

Career Choice for College Students (Total 100 students)

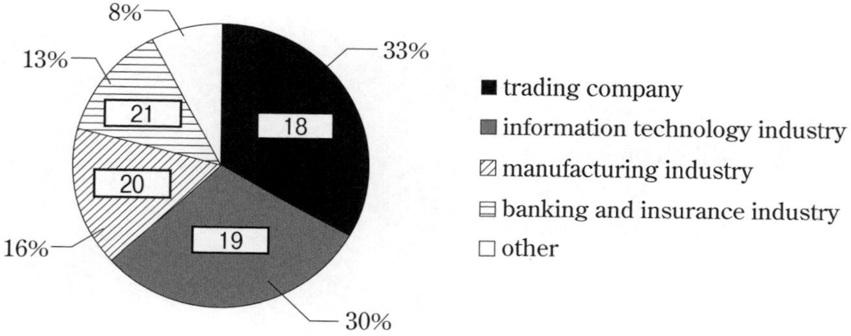

① Manufacturing industry
② Banking and insurance industry
③ Trading company
④ Information technology industry

問 22～25　あなたは旅行代理店で広告作成のお手伝いをしていて、4月1日限定のセールについての説明を聞いています。話を聞き、下の表の四つの空欄 22 ～ 25 に入れるのに最も適切なものを、五つの選択肢（①～⑤）のうちから一つずつ選びなさい。選択肢は2回以上使ってもかまいません。

Destination	Date	Discount Rate
Okinawa	June 7(Mon) – June 10(Thu)	22
Sapporo	May 15(Sat) – May 18(Tue)	23
Kagoshima	June 7(Mon) – June 10(Thu)	
Seoul	May 25(Tue) – May 28(Fri)	24
Hong Kong	June 13(Sun) – June 16(Wed)	25
Bangkok	June 7(Mon) – June 10(Thu)	

① 15%
② 20%
③ 30%
④ 50%
⑤ No discount

B

第4問Bは問26の1問です。話を聞き、示された条件に最も合うものを、四つの選択肢(①～④)のうちから一つ選びなさい。下の表を参考にしてメモを取ってもかまいません。**状況と条件を読む時間が与えられた後、音声が流れます。**

状況

あなたは、今週末に行くキャンプ場を一つ決めるために、四人の友人のアドバイスを聞いています。

条件

A．自然の景色を楽しめること
B．利用しやすいこと
C．寒くないこと

Site Names	Condition A	Condition B	Condition C
Camp Canyon			
Camp Resort			
Dream Camp			
Camp Grand			

問 26　“ [26] ” is the campsite you are most likely to choose.

① Camp Canyon
② Camp Resort
③ Dream Camp
④ Camp Grand

第5問 （配点　15）音声は1回流れます。

第5問は問27から問33の7問です。

最初に講義を聞き、問27から問32に答えなさい。次に続きを聞き、問33に答えなさい。状況・ワークシート、問い及び図表を読む時間が与えられた後、音声が流れます。

状況
あなたはアメリカの大学で、学習到達度についての講義を、ワークシートにメモを取りながら聞いています。

ワークシート

○ **PISA (Programme for International Student Assessment)**

· Purpose: To (27) students' academic performance

· Finland − ranked high since the beginning

Reason ⇒ Unique educational methods

⇩ caught international attention in 2006

○ **Characteristics of Finnish Education**

	Popular Image of Education	Finnish Education
Class Size	Large	Small
Learning Style	28	29
Number of School Days	30	31
Fee	Expensive	Free

問 27　ワークシートの空欄 [27] に入れるのに最も適切なものを、四つの選択肢(①～④)のうちから一つ選びなさい。

① evaluate and improve educational systems by assessing
② help countries evaluate their policies by improving
③ create new educational systems by comparing
④ evaluate education policies with regards to

問 28～31　ワークシートの空欄 [28] ～ [31] に入れるのに最も適切なものを、六つの選択肢(①～⑥)のうちから一つずつ選びなさい。選択肢は 2 回以上使ってもかまいません。

① interactive	② creative	③ mechanical
④ few	⑤ many	⑥ average

問 32　講義の内容と一致するものはどれか。最も適切なものを、四つの選択肢(①～④)のうちから一つ選びなさい。 [32]

① Smartphone games are a major cause of the decline in Finnish students' performance.
② As for gender equality, Finnish education is well behind other major countries.
③ There is a large gap between Finnish boys and girls in some category.
④ Standardized examinations show that male students are into online games.

問 33　講義の続きを聞き、下の図から読み取れる情報と講義全体の内容からどのようなことが言えるか、最も適切なものを、四つの選択肢(①～④)のうちから一つ選びなさい。 33

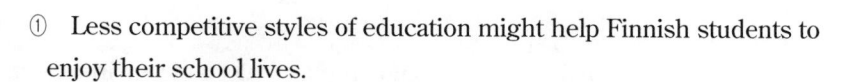

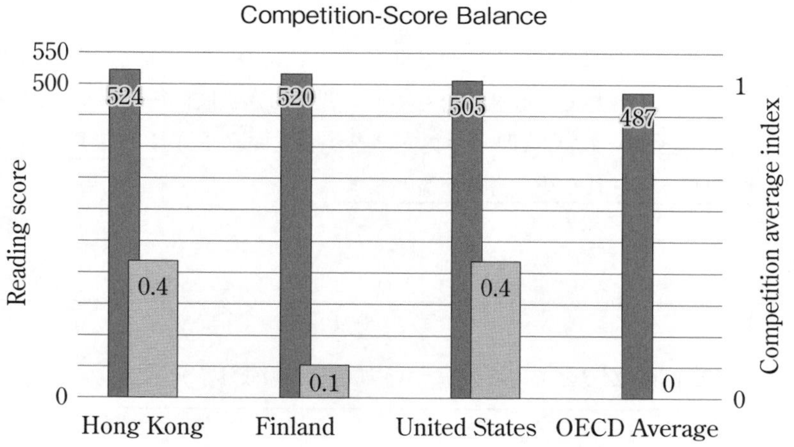

① Less competitive styles of education might help Finnish students to enjoy their school lives.

② A competitive environment in school leads to high scores in reading tests.

③ Reading scores of Finland will soon decline because of its less competitive education.

④ In the U.S., more time is spent on mathematics than on reading.

第6問 （配点　14）　音声は1回流れます。

第6問はAとBの二つの部分に分かれています。

A

第6問Aは問34・問35の2問です。二人の対話を聞き、それぞれの問いの答えとして最も適切なものを、四つの選択肢(①～④)のうちから一つずつ選びなさい。（問いの英文は書かれています。）状況と問いを読む時間が与えられた後、音声が流れます。

> 状況
> Dave と Miki がひとり暮らしについて話しています。

問34　**What is Dave's main point?**　[34]

① The school dormitory should offer a comfortable environment.
② College students should be careful about food and security.
③ College students should start working as soon as possible.
④ College students should try to be self-dependent.

問35　**Which of the following statements would Miki agree with?**　[35]

① College students should not spend time cooking meals.
② It is recommended that young women live with their family.
③ The school dormitory needs to set stricter rules.
④ Living in the dormitory is much cheaper than living alone.

B

第6問Bは問36・問37の2問です。会話を聞き、それぞれの問いの答えとして最も適切なものを、選択肢のうちから一つずつ選びなさい。下の表を参考にしてメモを取ってもかまいません。**状況と問い及び図表を読む時間が与えられた後、音声が流れます**。

状況
4人の学生（Haru, Masa, Lisa, David）が、将来の暮らし方について意見交換をしています。

Haru	
Masa	
Lisa	
David	

問36　会話が終わった時点で、地方に暮らすことに積極的だった人は四人のうち何人でしたか。四つの選択肢（①～④）のうちから一つ選びなさい。 36

① 1人
② 2人
③ 3人
④ 4人

問37　会話を踏まえて、Davidの意見を最もよく表している図表を、四つの選択肢(①〜④)から一つ選びなさい。 37

①

Popular Jobs (Top 5)

1. Information & Communication	19%
2. Services	16%
3. Construction	13%
4. Manufacturing Industry	11%
5. Real Estate	9%

②

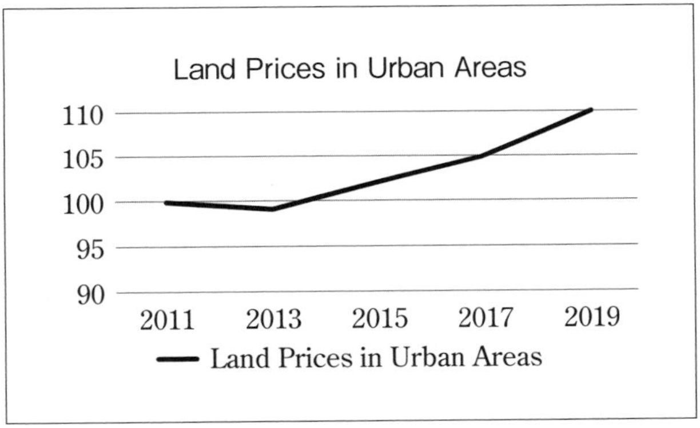

③

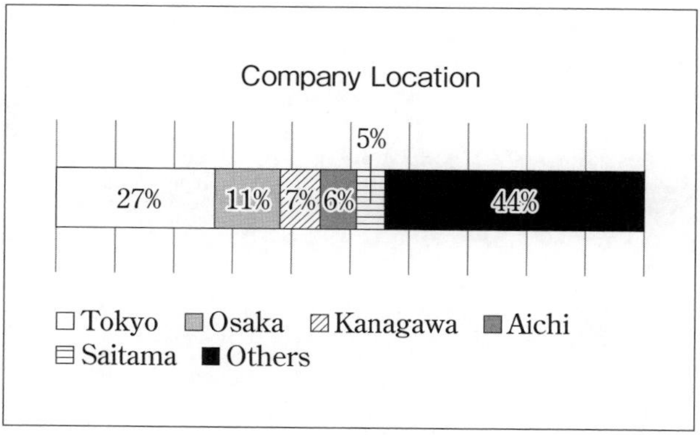
Company Location
5%
27%
11%
7%
6%
44%
Tokyo
Osaka
Kanagawa
Aichi
Saitama
Others

④

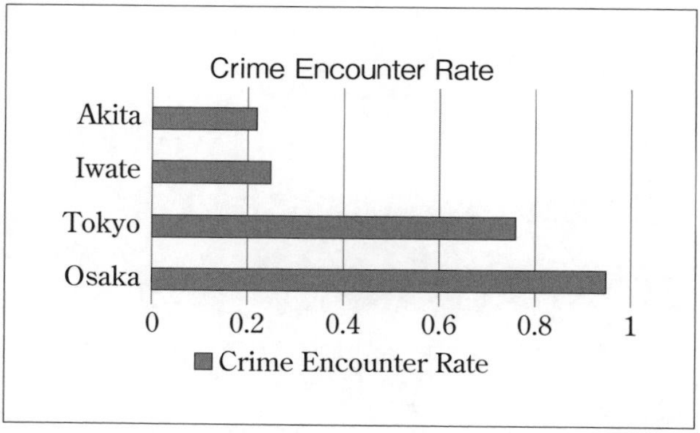
Crime Encounter Rate
Akita
Iwate
Tokyo
Osaka
0
0.2
0.4
0.6
0.8
1
Crime Encounter Rate

予想問題・第2回

100点／60分（※解答時間30分）

第1問 （配点　25）　音声は2回流れます。

第1問はAとBの二つの部分に分かれています。

A　第1問Aは問1から問4までの4問です。それぞれの問いについて、聞こえてくる英文の内容に最も近い意味の英文を、四つの選択肢（①～④）のうちから一つずつ選びなさい。

問1　[1]

① The speaker received the book.
② The speaker has already sent the book.
③ The speaker will receive the book soon.
④ The speaker will order the book.

問2　[2]

① Mom gave me a wonderful present.
② Mom didn't give me a present.
③ I wanted the present.
④ I don't like the present.

問 3 [3]

① The speaker will eat fried fish.
② The speaker will eat raw fish.
③ The speaker will eat chicken.
④ The speaker will eat both chicken and fish.

問 4 [4]

① The price is $ 15.
② The price is $ 20.
③ The price is $ 40.
④ The price is $ 50.

B 第1問Bは問5から問7までの3問です。それぞれの問いについて、聞こえてくる内容に最も近い絵を、四つの選択肢(①～④)のうちから一つずつ選びなさい。

問5 **5**

①

②

③

④

問6 **6**

①

②

③

④

問7 [7]

①

②

③

④

第2問 （配点 16） 音声は2回流れます。

第2問は問8から問11までの4問です。それぞれの問いについて、対話の場面が日本語で書かれています。対話とそれについての問いを聞き、その答えとして最も適切なものを、四つの選択肢(①～④)のうちから一つずつ選びなさい。

問8 カフェで注文をしています。 [8]

①

②

③

④

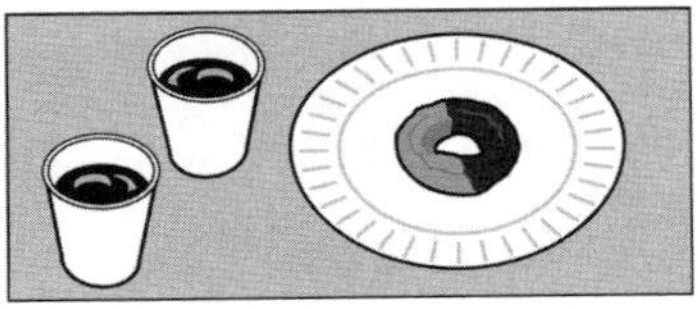

問9　ショッピングモールについて話しています。 9

①

②

③

④

問10　植物について話しています。 10

①

②

③

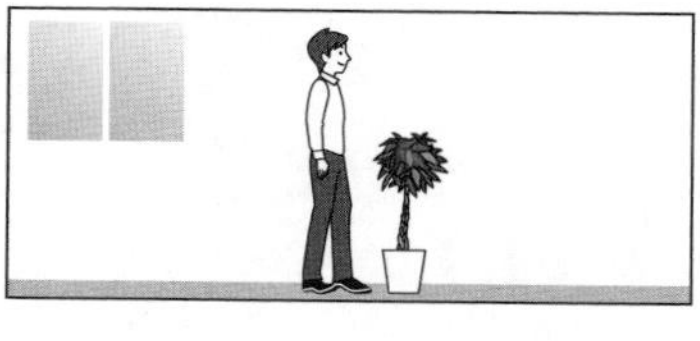

④

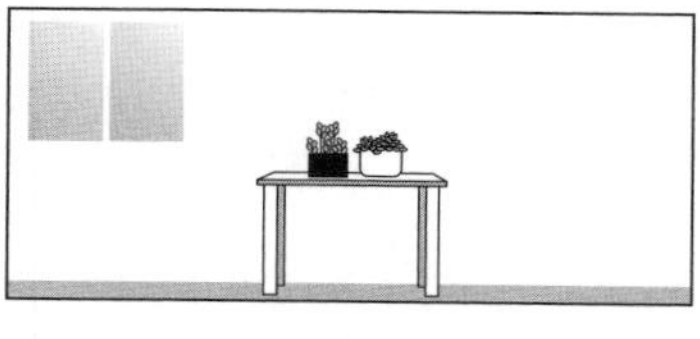

問11　植物について話しています。　[11]

①

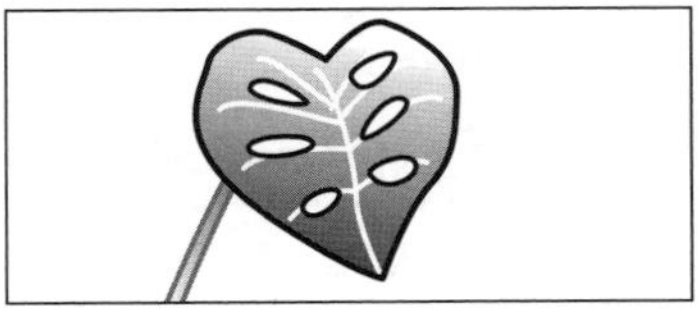

②

③

④

第3問 （配点　18） 音声は1回流れます。

第3問は問12から問17までの6問です。それぞれの問いについて、対話の場面が日本語で書かれています。対話を聞き、問いの答えとして最も適切なものを、四つの選択肢（①～④）のうちから一つずつ選びなさい。（問いの英文は書かれています。）

問12　男性職員が女性にキャンパスについて話をしています。

What does the man imply about the campus? [12]

① The campus is not so large.
② The campus is half of the average size.
③ The campus is quite large.
④ The campus needs more space.

問13　友達同士がパソコンについて話をしています。

What does the woman mean? [13]

① She knows how to install the software.
② She knows someone who works with Matt.
③ She will help him find someone who can install the software.
④ She doesn't know anyone who can help him.

問 14　友達同士で面接について話をしています。

What does the man mean? 14

① The interview went well.
② The interview didn't go well.
③ The man missed the interview.
④ The man will have to see the employer again.

問 15　帰宅した学生の息子に対して母親が話しかけています。

What can you guess from the conversation? 15

① He didn't have enough money.
② The ticket booth was closed.
③ He was able to buy the train pass.
④ His mother suggested he get to the booth early.

問 16　友達同士が明日の予定について話しています。

What will the man probably do tomorrow? [16]

① Drive to the mall with the woman.
② Pick up his car and then drive to the mall with the woman.
③ Go to the mall with the woman by taxi.
④ Pick up the woman at the station.

問 17　大学生が教室で授業の話をしています。

What will they probably do after this? [17]

① They will feel satisfied with their presentation.
② They will start preparing for the presentation.
③ They will consider changing the topic.
④ They will sit down and listen to her presentation.

第4問 (配点 12) 音声は1回流れます。

第4問はAとBの二つの部分に分かれています。

A 第4問Aは問18から問25の8問です。話を聞き、それぞれの問いの答えとして最も適切なものを、四つの選択肢(①～④)のうちから選びなさい。問題文と図表を読む時間が与えられた後、音声が流れます。

問18～21 授業でワークシートが配られました。図について、先生の説明を聞き、以下の図の四つの空欄 [18] ～ [21] にあてはめるのに最も適切なものを、四つの選択肢(①～④)のうちから一つずつ選びなさい。

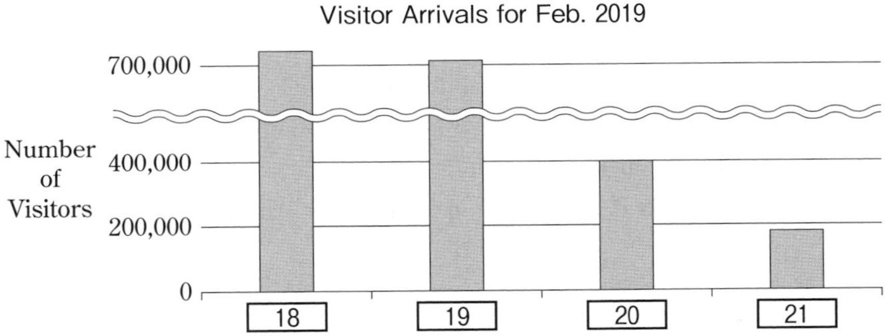

① China
② Hong Kong
③ Taiwan
④ South Korea

問 22〜25　インターンで研修に行く候補となる企業を選び、それらをグループごとに分類します。先生の説明を聞き、以下の表の四つの空欄 [22] 〜 [25] にあてはめるのに最も適切なものを、四つの選択肢(①〜④)のうちから一つずつ選びなさい。選択肢は2回以上使ってもかまいません。

Groups

① Group A

② Group B

③ Group C

④ Group D

Company Names	Location of headquarters	Number of overseas offices	Group
Wind Motors	Hiroshima	8	[22]
World Travel Agency	Tokyo	15	[23]
Osaka Foods	Osaka	12	[24]
Northern Beverage	Sendai	10	[25]

B

第４問Ｂは問26の１問です。話を聞き、示された条件に最も合うものを、四つの選択肢（①～④）のうちから一つ選びなさい。下の表を参考にしてメモを取ってもかまいません。**状況と条件を読む時間が与えられた後、音声が流れます**。

状況

あなたは夏休みを利用して、海外の語学学校への短期留学を計画しています。学校を選ぶにあたり、あなたが考えている条件は以下のとおりです。

あなたが考えている条件

A．安全な環境

B．滞在先から通いやすい

C．世界各地からの留学生がいる

School Names	Condition A	Condition B	Condition C
① International Language School			
② Ace Language Academy			
③ ICT Language Center			
④ Tom's English Academy			

問 26 " [26] " is the school you are most likely to choose.

① International Language School
② Ace Language Academy
③ ICT language Center
④ Tom's English Academy

第5問 （配点　15）　音声は1回流れます。

第5問は問27から問33までの7問です。

最初に講義を聞き、問27から問32に答えなさい。次に続きを聞き、問33に答えなさい。状況・ワークシート、及び問いを読む時間が与えられた後、音声が流れます。

状況

あなたはカナダの大学で、アニマルセラピーと、それに代わるロボットがもたらす効果についての講義を、ワークシートにメモを取りながら聞いています。

ワークシート

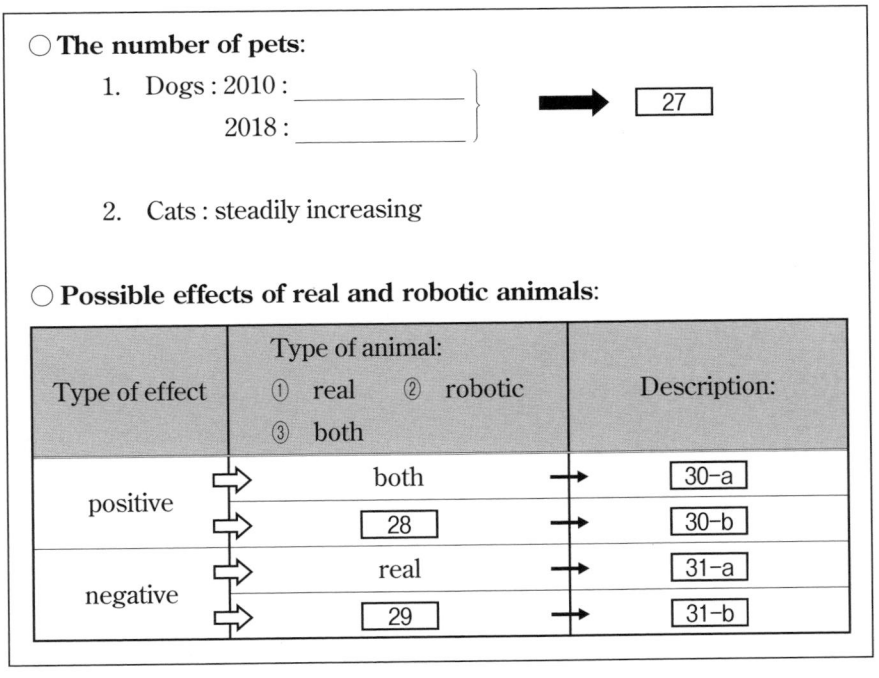

○ **The number of pets:**

1. Dogs : 2010 : ________
   2018 : ________ → 27

2. Cats : steadily increasing

○ **Possible effects of real and robotic animals:**

Type of effect	Type of animal: ① real ② robotic ③ both	Description:
positive	both	30-a
	28	30-b
negative	real	31-a
	29	31-b

問27　ワークシートの空欄 [27] に入れるのに最も適切なものを、六つの選択肢（①〜⑥）のうちから一つ選びなさい。

① a gain of 300,000　　② a gain of 500,000
③ a gain of 800,000　　④ a loss of 300,000
⑤ a loss of 500,000　　⑥ a loss of 800,000

問28〜31　ワークシートの空欄 [28] 〜 [31] にあてはめるのに最も適切な語句はどれか。空欄 [28] と [29] のそれぞれに最も適切なものを三つの選択肢（①〜③）のうちから、空欄 [30] 〜 [31] のそれぞれに最も適切なものを四つの選択肢（④〜⑦）のうちから一つずつ選びなさい。①〜③は2回以上使ってもかまいません。

空欄 [28] [29] :
① real　② robot　③ both

空欄 [30] 〜 [31] :
④ wide range of use　　⑤ feel sad and lonely
⑥ increase mental well-being　　⑦ cause disease and injury

問題編
共通テスト・第1日程
予想問題・第1回
予想問題・第2回
予想問題・第3回

問 32 講義の内容と一致するものはどれか。最も適切なものを、四つの選択肢(①〜④)のうちから一つ選びなさい。 32

① The number of both pet dogs and pet cats will start increasing in the near future.

② It is obvious that real animals bring more benefits than robotic animals do.

③ People at the nursing home preferred to spend time together with real animals rather than with robots.

④ How people treat robotic animals after meeting them many times still remains to be seen.

問 33　講義の続きを聞き、下の図から読み取れる情報と講義全体の内容からどのようなことが言えるか、最も適切なものを、四つの選択肢(①～④)のうちから一つ選びなさい。 33

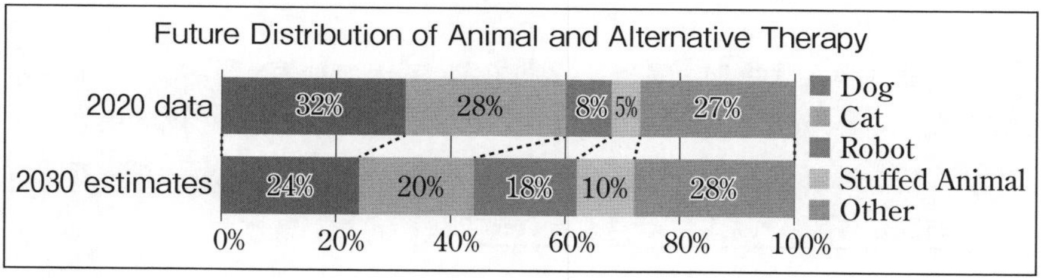

① More people will choose non-living animals as pets because they don't want to feel sad when their pets die.

② Thanks to the flexibility of robotic animals, they are more likely to be selected as an option for therapy.

③ The percentages of dogs and cats in the therapy will decrease because they are losing popularity as a pet.

④ Since the average price of stuffed animals is going down, they will increase the share.

第6問 （配点　14） 音声は１回流れます。

第6問はAとBの二つの部分に分かれています。

A

第6問Aは問34・問35の2問です。二人の対話を聞き、それぞれの問いの答えとして最も適切なものを、四つの選択肢（①～④）のうちから一つずつ選びなさい。（問いの英文は書かれています。）状況と問いを読む時間が与えられた後、音声が流れます。

状況
二人の大学生が、飲酒について話しています。

問34 **Which is true about James?** [34]

① He is probably twenty years old.
② He came to Japan to drink alcohol with his friends.
③ He has given up speaking Japanese because it is difficult.
④ He's taking an after-school lesson at college to improve his Japanese.

問 35 **Which is true about Aya?** [35]

① She thinks just a few drinks make people forgetful.

② She used to love to go out for a drink with students from abroad.

③ She thinks drinking with foreign students could be a good learning opportunity.

④ She thinks James should stop drinking in order to focus more on his study.

B

第6問Bは問36・問37の2問です。会話を聞き、それぞれの問いの答えとして最も適切なものを、選択肢のうちから一つずつ選びなさい。下の表を参考にしてメモを取ってもかまいません。**状況と問いを読む時間が与えられた後、音声が流れます**。

状況

四人の学生が、アメリカ国内での飲酒年齢の引き下げの是非について議論しています。

Akira	
Chris	
Karen	
Donna	

問36　会話が終わった時点で、飲酒年齢の引き下げの是非について否定的な立場で意見を述べている人は四人のうち何人でしたか。四つの選択肢(①～④)のうちから一つ選びなさい。 36

① 1人
② 2人
③ 3人
④ 4人

問 37　会話を踏まえて、Akira の意見を最もよく表している図表を、四つの選択肢(①〜④)のうちから一つ選びなさい。　37

①

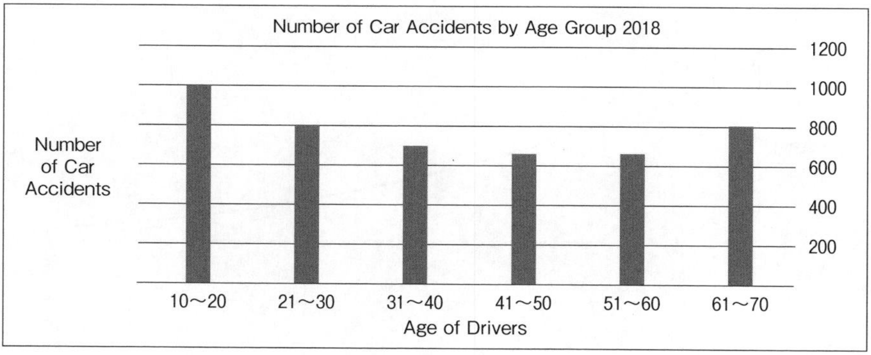

②

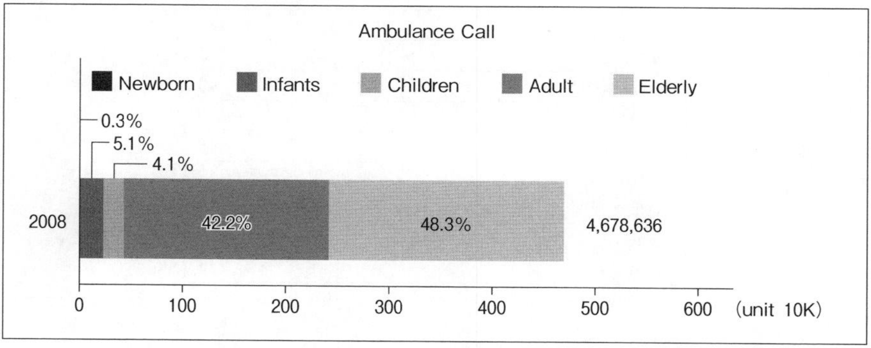

③

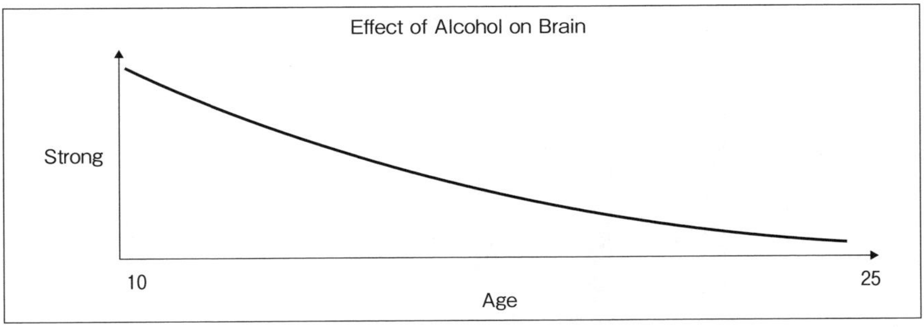

④

Legal Drinking Age

U.S.A.	21
Japan	20
South Korea	19
Canada	18/19
Norway	18
Spain	18
Mexico	18
Cyprus	17
Germany	16

予想問題・第3回

100点／60分（※解答時間30分）

第１問 （配点　25）　音声は２回流れます。

第１問はＡとＢの二つの部分に分かれています。

A　第１問Ａは問１から問４までの４問です。それぞれの問いについて、聞こえてくる英文の内容に最も近い意味の英文を、四つの選択肢（①～④）のうちから一つずつ選びなさい。

問１　[1]

① We are likely to catch the train.
② We are unlikely to catch the train.
③ The train has just arrived.
④ The train has just left.

問２　[2]

① Ken got satisfied after a lot of practice.
② Ken practiced hard because he was satisfied.
③ Ken didn't practice hard.
④ Ken practiced a little.

問 3 [3]

① The speaker studied a lot.
② The speaker didn't study much.
③ The speaker didn't take the examination.
④ The examination was not so difficult for the speaker.

問 4 [4]

① Kevin is quite tall.
② Kevin is the tallest in the team.
③ Kevin is tall because he has played volleyball.
④ Kevin was asked to join the team.

B　第１問Ｂは問５から問７までの３問です。それぞれの問いについて、聞こえてくる内容に最も近い絵を、四つの選択肢（①〜④）のうちから一つずつ選びなさい。

問５　［　５　］

①

②

③

④

問6 6

①

②

③

④

問7 7

①

②

③

④

第2問　(配点　16)　音声は2回流れます。

第2問は問8から問11までの4問です。それぞれの問いについて、対話の場面が日本語で書かれています。対話とそれについての問いを聞き、その答えとして最も適切なものを、四つの選択肢(①～④)のうちから一つずつ選びなさい。

問8　友人同士が夏休みの計画について話しています。　8

①

②

③

④

問9　家電量販店で客が店員に尋ねています。　9

①

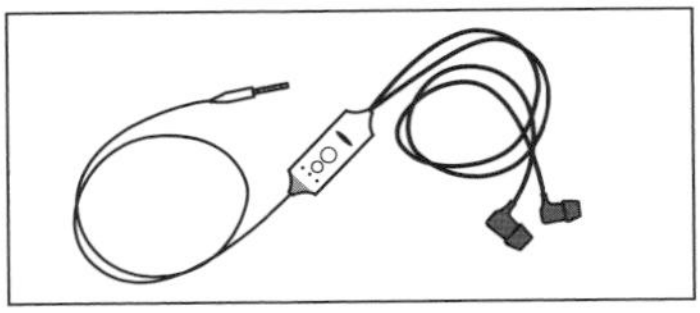

②

③

④

問10　友人同士が今夜宿泊するホテルの部屋について話しています。　10

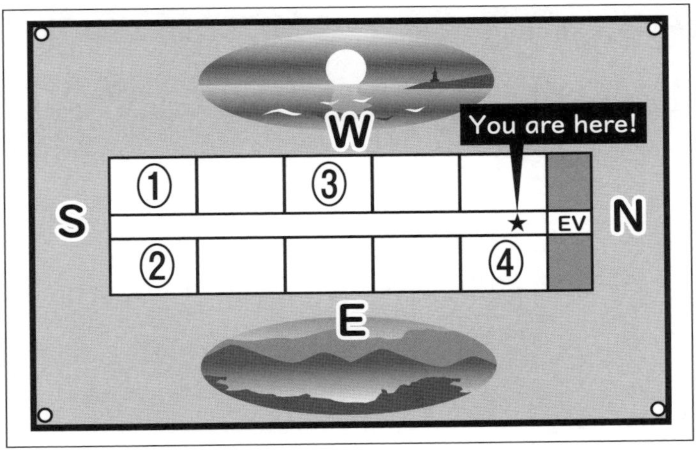

問 11　学生が不動産屋にて単身用の部屋について尋ねています。　11

①

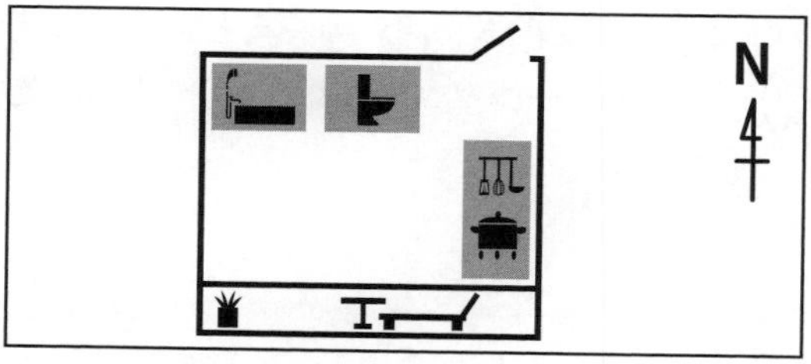

②

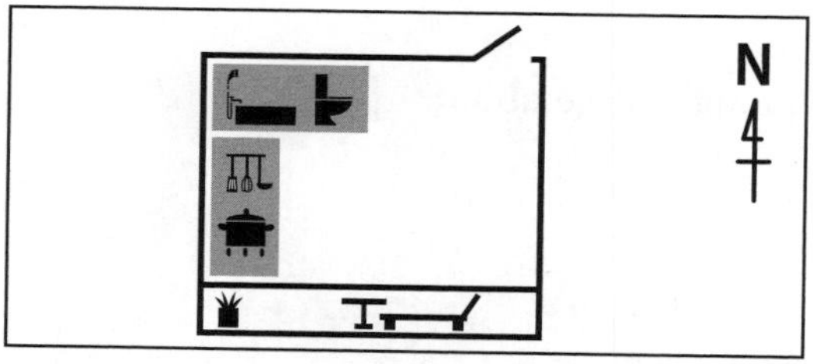

③

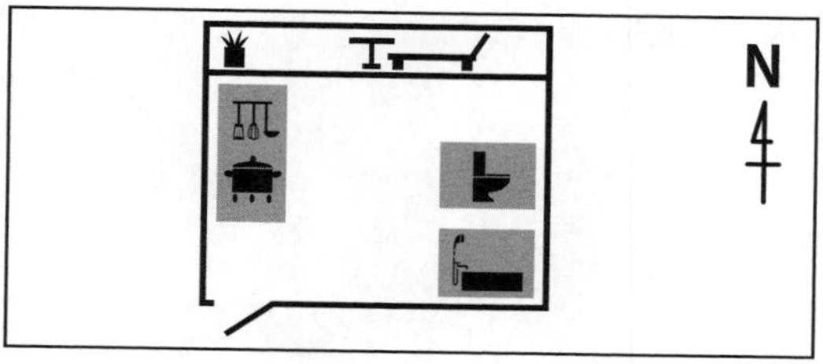

④

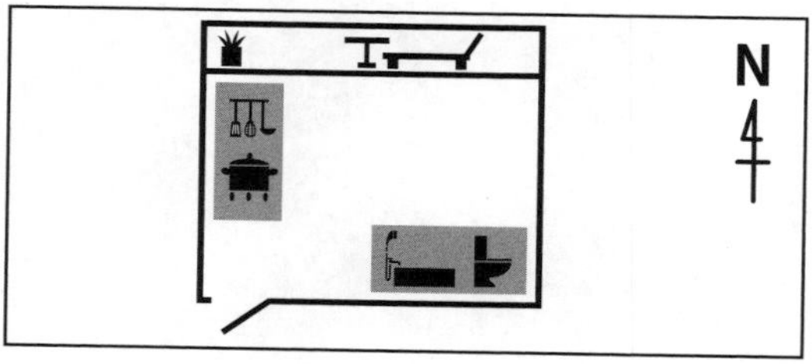

第3問 （配点　18）　音声は1回流れます。

第3問は問12から問17までの6問です。それぞれの問いについて、対話の場面が日本語で書かれています。対話を聞き、問いの答えとして最も適切なものを、四つの選択肢（①～④）のうちから一つずつ選びなさい。（問いの英文は書かれています。）

問12　友人同士が今食べたレストランについて話をしています。

What do the two people agree about? [12]

① The restaurant was noisy.
② The service was excellent.
③ The food tasted great.
④ The food was slow to arrive.

問13　友人同士がこれから向かう温泉について話しています。

What time will they arrive at the hot spring? [13]

① 10:00
② 12:00
③ 15:00
④ 17:00

問 14　友人同士がキャンパス内で会話をしています。

What can you guess from the conversation? 14

① She wouldn't give her text to him.
② She thought he was too forgetful.
③ She told him to take notes.
④ She would accept his request.

問 15　友人同士が映画について話しています。

How much will they pay for the movie tickets in total? 15

① $ 14
② $ 21
③ $ 28
④ $ 50

問 16　友人同士が近況について話しています。

What did the woman do? [16]

① She enjoyed eating soba noodles.
② She tried seafood and liked it very much.
③ She liked both seafood and soba noodles.
④ She went to Niigata to find delicious food.

問 17　大学生が街を歩きながら話をしています。

Which is true according to the conversation? [17]

① The woman expected to find the singer in the town.
② The woman didn't think she would see the singer in the town.
③ The man didn't know anything about the singer.
④ The man called the singer on the phone.

第4問 （配点 12） 音声は1回流れます。

第4問はAとBの二つの部分に分かれています。

A 第4問Aは問18から問25の8問です。話を聞き、それぞれの問いの答えとして最も適切なものを、選択肢から選びなさい。問題文と図表を読む時間が与えられた後、音声が流れます。

問18～21 外国人女性が日本を旅行したときのことについて話しています。話を聞き、その内容を表したイラスト（①～④）を、聞こえてくる順番に並べなさい。 18 → 19 → 20 → 21

①

②

③

④

問 22〜25　あなたは最寄りの空港の駐車料金の英語版の表を作成しています。料金制度についての説明を聞き、下の表の四つの空欄 [22] 〜 [25] に入れるのに最も適切なものを、五つの選択肢（①〜⑤）のうちから一つずつ選びなさい。選択肢は２回以上使ってもかまいません。

① $ 12
② $ 15
③ $ 18
④ $ 33
⑤ $ 48

Terminal	Zone	Parking Time	Total Fee
T1	1	4 hrs	[22]
T1	2	12 hrs	[23]
T2	3	28 hrs	[24]
T2	4	46 hrs	[25]

B

第4問Bは問26の1問です。話を聞き、示された条件に最も合うものを、四つの選択肢(①～④)のうちから一つ選びなさい。下の表を参考にしてメモを取ってもかまいません。**状況と条件を読む時間が与えられた後、音声が流れます**。

状況

あなたはインターンシップ制度を利用して就業体験をしようと考えています。企業を選ぶにあたり、あなたが考えている条件は以下のとおりです。

あなたが考えている条件

A．英語を用いた業務
B．市内（横浜）もしくは自宅の近隣
C．労働時間は1日上限8時間

Company name	Condition A	Condition B	Condition C
① TJ Network			
② Excellent Service			
③ East Asian Travel			
④ LTN Communications			

問26　“ 26 ” is the company you are most likely to choose.

① TJ Network
② Excellent Service
③ East Asian Travel
④ LTN Communications

第5問 （配点　15）　音声は１回流れます。

第５問は問 27 から問 33 までの７問です。

最初に講義を聞き、問 27 から問 32 に答えなさい。次に続きを聞き、問 33 に答えなさい。状況・ワークシート、問い及び図表を読む時間が与えられた後、音声が流れます。

状況

あなたはイギリスの大学で、世界のジェンダーギャップについての講義を、ワークシートにメモを取りながら聞いています。

ワークシート

○ **Today's topic** : The current situation of the gender gap in the world

○ **Top ten countries**

Number of countries

1. Northern Europe : [27a]
2. East Asia and the Pacific region : [27b]
3. Africa : 2
4. Latin America : [27c]

○ **Summary of each category**

Category	Gap (① large/ ② small)	Description
Economic Participation and Opportunity	[28a]	[28b]
Educational Attainment	[29a]	[29b]
Health and Survival	[30a]	[30b]
Political Empowerment	[31a]	[31b]

問 27　ワークシートの空欄 [27a] ～ [27c] に入れるのに最も適切なものを、五つの選択肢（①～⑤）のうちから一つずつ選びなさい。選択肢は２回以上使ってもかまいません。

① 1　② 2　③ 3　④ 4　⑤ 5

問 28～31　ワークシートの空欄 [28] ～ [31] に入れるのに最も適切なものはどれか。空欄 [28a] ～ [31a] のそれぞれに最も適切なものを二つの選択肢（①、②）から、空欄 [28b] ～ [31b] に最も適切なものを四つの選択肢（③～⑥）から一つずつ選びなさい。選択肢は２回以上使ってもかまいません。

空欄 [28a] ～ [31a] :　① large　② small

空欄 [28b] ～ [31b] :

③ The gap has been consistent since last year.

④ Minimal progress has been made since last year.

⑤ Not less than 99% of the gap has been closed in more than half countries.

⑥ All countries have closed at least 90% of their gap.

問 32　講義の内容と一致するものはどれか。最も適切なものを、四つの選択肢(①〜④)のうちから一つ選びなさい。 [32]

① In just a few countries women are able to lead a longer and healthier life than men.

② In many countries it is still difficult for women to take a higher position in a company.

③ Many governments are taking women's opinions into consideration.

④ The number of women who can write is as large as that of men.

問 33　講義の続きを聞き、下の表から読み取れる情報と講義全体の内容からどのようなことが言えるか、最も適切なものを、四つの選択肢（①～④）のうちから一つ選びなさい。 33

Global Rankings

Country name（rank 1-149）

Global Index	Economic Participation and Opportunity	Educational Attainment	Health and Survival	Political Empowerment
Iceland (1)	Philippines (14)	Brazil (1)	Brazil (1)	Iceland (1)
Rwanda (6)	Iceland (16)	Philippines (1)	Japan (41)	Rwanda (4)
Philippines (8)	United States (19)	Iceland (39)	Philippines (42)	Philippines (13)
Untied States (51)	Rwanda (30)	United States (46)	United States (71)	China (78)
Brazil (95)	Brazil (92)	Japan (65)	Rwanda (90)	United States (98)
China (103)	China (86)	Rwanda (109)	Iceland (121)	Brazil (112)
Japan (110)	Japan (117)	China (111)	China (149)	Japan (125)

① Countries whose rank is high on Educational Attainment and on Health and Survival are also high on the Global Index.

② Scores of the developed countries are mostly high in all the categories.

③ Gender equality of a country is not necessarily consistent with the economic power of that country.

④ Japan has provided strong support for women so that they can easily work and raise children at the same time.

問題編
共通テスト・第1日程
予想問題・第1回
予想問題・第2回
予想問題・第3回

第6問 （配点　14）　音声は1回流れます。

第6問はAとBの二つの部分に分かれています。

A

第6問Aは問34・問35の2問です。二人の対話を聞き、それぞれの問いの答えとして最も適切なものを、四つの選択肢（①～④）のうちから一つずつ選びなさい。（問いの英文は書かれています。）状況と問いを読む時間が与えられた後、音声が流れます。

> 状況
> 二人の大学生が、留学先について話しています。

問34　**What is Kazu's main point?**　[34]

① Studying English in South East Asia helps us become friendly.

② Studying English in South East Asia doesn't improve our English writing.

③ Studying English in the U.S. also helps us learn about movies.

④ Studying English in the U.S. encourages us to speak English fluently.

問 35 **What is Wan's main point?** [35]

① The goal of studying abroad is to make friends.

② The goal of studying abroad is to master the way you speak a foreign language.

③ We should put more emphasis on what we speak than on how we speak.

④ Watching movies too often prevents us from learning English.

B

第6問Bは問36・問37の2問です。会話を聞き、それぞれの問いの答えとして最も適切なものを、選択肢のうちから一つずつ選びなさい。下の表を参考にしてメモを取ってもかまいません。**状況と問いを読む時間が与えられた後、音声が流れます。**

状況

Professor Smith が最近の留学動向について講演した後、質疑応答の時間がとられています。司会（moderator）が聴衆からの質問を受け付けています。Ryo と Kim が発言します。

Moderator	
Professor Smith	
Ryo	
Kim	

問36 会話が終わった時点で、東南アジアへの留学に好意的な立場で意見を述べている人は四人のうち何人でしたか。四つの選択肢（①～④）のうちから一つ選びなさい。 36

① 1人
② 2人
③ 3人
④ 4人

問 37　会話を踏まえて、Professor Smith の意見を最もよく表している図表を、四つの選択肢（①～④）のうちから一つ選びなさい。 37

①

Average Annual Costs For International Students

Australia	$37,000
United Kingdom	$36,000
America	$35,000
United Arab Emirates	$26,000
Canada	$25,000

②

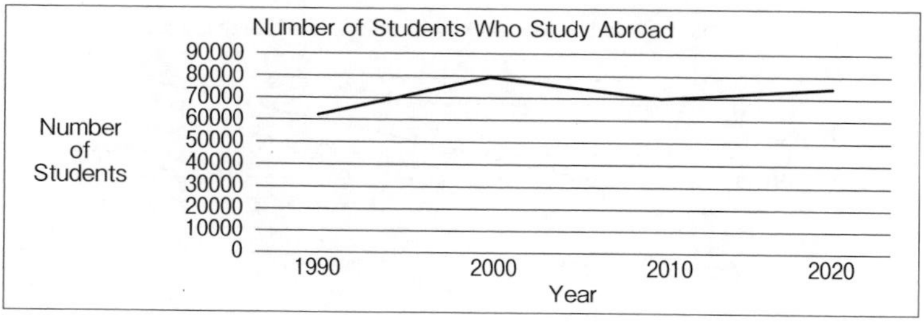

③

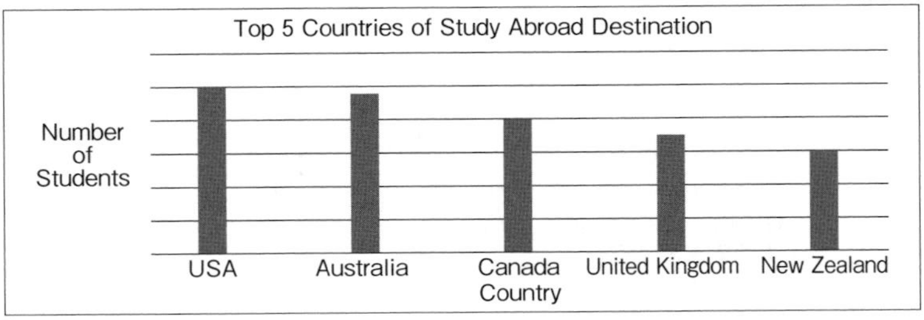
Top 5 Countries of Study Abroad Destination
Number of Students
USA
Australia
Canada
United Kingdom
New Zealand
Country

④

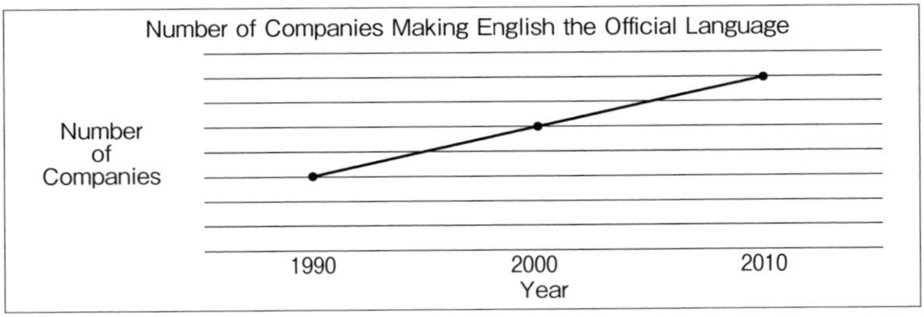
Number of Companies Making English the Official Language
Number of Companies
1990
2000
2010
Year